Manet

ÉDOUARD MANET

后浪出版公司

马奈

[英]约翰·理查森 著

余亮 译

后浪出版公司

CNS 湖南美术出版社

全 国 百 佳 图 书 出 版 单 位

图书在版编目（CIP）数据

马奈 /（英）约翰·理查森著；余亮译 . —— 长沙：
湖南美术出版社，2020.6
ISBN 978-7-5356-9076-0

Ⅰ . ①马… Ⅱ . ①约… ②余… Ⅲ . ①马奈 (Manet,
Edouard 1832-1883) – 传记 Ⅳ . ① K835.655.72

中国版本图书馆 CIP 数据核字 (2020) 第 042472 号

本书中文简体版权归属于银杏树下（北京）图书有限责任公司。
著作权合同登记号：图字18-2017-098

彩色艺术经典图书馆
CAISE YISHU JINGDIAN TUSHUGUAN

马 奈
MANAI

出 版 人：黄 啸
著　　 者：［英］约翰·理查森
译　　 者：余 亮
出版策划：后浪出版公司
出版统筹：吴兴元
编辑统筹：蒋天飞
特约编辑：骆 菲
责任编辑：贺澧沙
营销推广：ONEBOOK
装帧制造：墨白空间·张 萌
出版发行：湖南美术出版社（长沙市东二环一段 622 号）
　　　　　后浪出版公司
印　　 刷：北京盛通印刷股份有限公司
　　　　　（亦庄经济技术开发区科创五街经海三路 18 号）
开　　 本：635×985　　1/8
字　　 数：170 千字
印　　 张：16
版　　 次：2020 年 6 月第 1 版
印　　 次：2020 年 6 月第 1 次印刷
书　　 号：ISBN 978-7-5356-9076-0
定　　 价：68.00 元

读者服务：reader@hinabook.com 188-1142-1266
投稿服务：onebook@hinabook.com 133-6631-2326
直销服务：buy@hinabook.com 133-6657-3072
网上订购：https://hinabook.tmall.com/（天猫官方直营店）

马奈生平与艺术

　　明晰、直率、雅致和对颜料炉火纯青的掌握，是马奈艺术中最先打动我们的特质。马奈的作品，我们可以就其本身轻松欣赏，而无须面对任何美学问题或拥有什么特别的知识。然而我们的第一印象错得多么离谱！在马奈艺术平实的外表之下充满了陷阱与矛盾，那些曾试图分析马奈艺术的人甚至都难以就这位大师的特点或缺点达成共识，而他在伟大艺术家队列中的合适地位也仍存在争议。爱德华·马奈在不同时期曾获得不同的评价：既是"惊人的现实主义者"（戈蒂埃[1]），又是"某个从出生就不幸被打上浪漫主义标记的人"（波德莱尔[2]）；是"一位伟大的画家，对他而言印象派只是可悲的歧路"（罗杰·弗赖[3]）；既是"现代画派最惊人的艺术大师"（科林[4]），又"毫无天分""平庸"甚至"机械呆板"（泽尔沃斯[5]）；既是"空想家中的王子"（保罗·曼茨[6]），又"毫无想象力"（弗洛里松[7]等）；既是"终结所有革命者的革命者"（科尚），又"毫无创新，甚至算不上是一个反叛者"（科林），并且是"追名逐利"的"卑劣中产阶级（sale bourgeois）"（克莱夫·贝尔[8]）。现在看来，这些看法中虽然有一些显然荒诞不经，但大部分还是有一些事实依据的。

　　要调和这些不同的意见，并且在马奈的艺术发展中找出一以贯之的模式很不容易，但只要我们意识到他性格中根深蒂固的分裂，以及作为艺术家的他和常人一样拥有不止一张面孔，也绝非完全不可能：他既是顾家的丈夫也常常招蜂引蝶（coureur）；既是虔诚的天主教徒也是敢于怀疑的人文主义者；既单纯易骗又狡猾多谋；既是热忱的社会主义者又是顺从的中产阶级；既是个辛勤创作的艺术家又是个优雅的浪荡子（flâneur）——"他热爱上流社会，被晚间聚会灯红酒绿的享乐将隐秘的心思撩拨"（左拉）。但这并不是说马奈是伪君子，相反他在心智上可以说是过于诚实了；他也并非精神分裂，因为他的人格虽然多变却十分统一。

　　马奈确实想成为像安格尔（Ingres）那种被官方认可的大师。他自豪地将自身艺术谱系回溯到乔尔乔内（Giorgione）和提香（Titian），而之前的欧洲艺术在他看来则是"野蛮的"。他是最后按照单独程式（set-pieces）来创作的艺术大师之一，而非像德加（Degas）、莫奈（Monet）和其他印象派画家般在给定主题的基础上创作一系列变体。另

图1
爱德华·马奈

约1865年；
纳达尔拍摄；
国家图书馆，巴黎

1　泰奥菲勒·戈蒂埃（Théophile Gautier，1811—1872年），法国唯美主义诗人、散文家和小说家。早年习画，1862年曾当选法国国家美术协会主席。戈蒂埃的艺术批评理论受狄德罗影响，名重当时。（——译者注，全书脚注均为译者注）

2　夏尔·波德莱尔（Charles Baudelaire，1821—1867年），法国19世纪著名现代派诗人，象征派诗歌先驱，马奈好友。

3　罗杰·弗赖（Roger Fry，1866—1934年），英国艺术批评家、艺术史家和美学家。早年从事博物馆学，后来专注于现代艺术，成为后印象派绘画运动重要诠释者。

4　保罗·科林（Paul Colin），著有《马奈》，巴黎：弗卢里出版社，1937。

5　克里斯提安·泽尔沃斯（Christian Zervos，1889—1970年），希腊裔法国艺术史家、批评家、收藏家和作家。

6　保罗·曼茨（Paul Mantz，1821—1895年），法国艺术史家。

7　米歇尔·弗洛里松（Michel Florisoone，1904—1973年），法国艺术史家。

8　克莱夫·贝尔（Clive Bell，1881—1964年），英国形式主义美学家，当代西方形式主义艺术的理论代言人。

图 2

街垒（内战）

1871 年；
钢笔水彩纸本；
布达佩斯美术馆，布达
佩斯

一方面，马奈又不同于其他独立艺术家，他坚持不懈地将作品提交给官方沙龙，因为如他所言："巴黎沙龙是真正的战场，人们在那里一决高下。"在这个意义上他依然遵循过去的模式。尽管如此，马奈对学院派（academicism）仍然充满厌恶，这既是因为他觉得艺术应该表现当代生活，而学院派只知道伪造镜中的虚像；也是因为在他看来传统大师的传统已不再有效，因而需要一种基于新旧元素综合的新风格。马奈的成功是因为他首先是个艺术家而非对理想美有着先入之见的理论家，这一点与莫奈、凡·高（Van Gogh）、塞尚（Cézanne）、马蒂斯（Matisse）、毕加索（Picasso）和布拉克（Braque）等大多数现代创新者是一致的，艺术中最好的成果是由直觉而非理智创造的。而且在马奈性格深处存在着一种综合对立面的能力，帮他将一些看起来不可调和的因素融合为一种可行的现代风格，这些因素来自杜米埃[1]、西班牙和威尼斯的艺术大师、同时代的摄影和雕版画、弗兰斯·哈尔斯[2]、日本木刻等。因此将马奈看作"一个族群的末裔"并不正确。那他是否是"第一位现代画家"呢？在此我们必须要公平地考虑库尔贝（Courbet）[3]。库尔贝最先注意到，艺术家不仅应该关注那些取自历史、传说和宗教的具有道德意义的对象，也应该重视那些最为平凡低微的事物。这一发现革新了艺术家看待绘画主题的方式，而马奈的发现则革新了艺术家看待绘画风格的方式。因此，我们应该将马奈和库尔贝共同看作现代艺术运动之父。

马奈性格的二元性解释了他一生中的许多矛盾，他在 1867 年所写的一份声明就是例证，声明内容涉及他那些最具争议作品的展出："马奈先生从未曾想过要抗议……他既不声称推翻了过去的艺术，也不声称创造了新的秩序。"虽然不能说这些话言不由衷或者虚伪不实，但推翻和创造正是马奈所做的。这些话源自马奈本性中的顺从面，这一面性格渴望被官方认可却从未占得上风，这对马奈的艺术而言无疑是幸运的。人们常说，马奈作为卑劣的中产阶级却没能实现命运所赋予的才华，而事实上马奈性格中的顺从面并非如人们所认为的那样糟糕。马奈绝非"追名逐利"的"卑劣中产阶级"，他也无法依据官方要求做出让步，他的艺术只能是这副模样。有一点极易被忽视，马奈是一个极具教养而敏感的人，同时有着深厚的文学与音乐修养。他是那个世纪最伟大的两位诗人（波德莱尔和马拉美[4]）的密友，并且来自最为恭俭虔敬的家庭之一，这些家庭曾为法兰西共和国培养了最杰出的公仆，这些对我们认识马奈至关重要。马奈的父亲是杰出的法官，母亲是业余的音乐家，马奈从他们那里继承了公正明断、高雅品位、道德勇气、敏锐才思和顽强精神。这些东西在他八年的紧张训练和之后的困境中支撑着他。他也从父母那里继承了对符合传统的成功的渴求，在这些渴求中并没有什么投机和逐利的成分。

1　奥诺雷·杜米埃（Honoré Daumier，1808—1879 年），法国著名版画家、漫画家、画家和雕刻家。

2　弗兰斯·哈尔斯（Frans Hals，约 1582—1666 年），荷兰肖像画家。

3　居斯塔夫·库尔贝（Gustave Courbet，1819—1877 年），法国画家，写实主义绘画的代表。

4　斯特凡娜·马拉美（Stéphane Mallarmé，1842—1898 年），法国象征主义诗人和散文家。

马奈性格中的顺从面就说这么多，现在谈谈其反叛的一面。事实上马奈终其一生都是忠诚的左翼共和党人，是第二帝国的死敌，是甘必大[1]、费里[2]和左拉等人的好友，而这些极易被忽视。皇帝的艺术顾问对马奈的所作所为无疑强化了他的立场，与此同时我们也不能忘了马奈十六岁就痛斥了拿破仑[3]当选，年纪轻轻就深受1848年大革命和1851年政变的影响，他亲身经历并描绘了这两次事件。马奈不喜欢公开表露私人感情，因此他的作品中也很少反映他的政治信念。然而确实有几幅画，我们不得不对其进行政治层面的剖析，特别是《马克西米利安皇帝的处决》（ The Execution of the Emperor Maximilian of Mexico，彩色图版14）。

马奈从不隐藏他的政治同情，所以在巴黎公社时期他与柯罗（Corot）、库尔贝和杜米埃一同入选巴黎艺术家联盟（Fédération des Artistes de Paris）也就在情理之中了。马奈当选之时人并不在巴黎，而

---

1 莱昂·甘必大（Léon Gambetta，1838—1882年），法国第二帝国末期和第三共和国初期著名共和派政治家，资产阶级共和党人。

2 费里（Jules Ferry，1832—1893年），法国共和派政治家。

3 此处指拿破仑·波拿巴（Charles-Louis-Napoléon Bonaparte），即拿破仑三世，于1848年当选法兰西第二共和国总统。

当他回去之后公社已是末日黄花。马奈并不涉身公社事务，因为他并不同情极端主义。通常情况下，即便是面对前行的军队所犯的累累暴行（图2），马奈的作品也只是纯粹的见证，但是他这一时期的几幅描绘街垒的素描和石版画却显得并不那么超然事外。巴黎公社之后，马奈曾想绘制维克多·雨果（Victor Hugo）和他的好友、被当作英雄的甘必大身处议会的肖像，借以表达他的自由之情。但是甘必大身处政坛过于繁忙，最终只抽出两次时间来做模特，而这两次都未取得什么进展。马奈曾向普鲁斯特[1]抱怨说，甘必大已经算是思想最先进的了，但是一谈到艺术，共和党人就变得保守了。给亨利·罗什福尔（Henri Rochefort）画肖像时马奈的运气就好多了。罗什福尔是支持巴黎公社（communard）的新闻记者，因为乘船逃离流放地而名噪一时。马奈劝罗什福尔坐下来当模特并为他画了两幅肖像，来赞美他的功绩。马奈把一个众所周知的革命分子当英雄来画像已经足够惊人了，而之后他甚至将作品递交给了1881年的巴黎沙龙，这确实让他的朋友们大吃一惊，他们认为马奈肯定是疯了。这一举动差点使马奈失去了沙龙奖章（Salon medal）和他一直希求的荣誉军团勋章（Légion d'Honneur）。但这确实是马奈的风格，他在政治上远没有在艺术上谨慎。

马奈艺术上的创新出现得跟他的政治观点一样早。据说马奈讨厌上学，即使是他和蔼的舅舅富尼耶（Fournier）为他安排的绘画课也让他觉得无聊。最终，他因为在课上画漫画而非研习石膏像而被开除。马奈曾被要求临摹历史画，但他却觉得这些作品荒诞不经、不合时代。狄德罗（Diderot）曾声称艺术家不该绘制穿着当代服装的人物，而马奈还在上学的时候就认为这一观点简直荒谬绝伦。马奈曾说："人应该活在他自己的时代中，画其所见。"马奈在青年时代就已经显露出极强的个性。他令人敬畏的父亲曾强迫他学习法律，他却执意成为海军学员。1850年他没能通过海军考试，因而他劝说其父允许他跟随库蒂尔[2]学习艺术。对这一时期的马奈最好的描述来自其终生好友安托南·普鲁斯特，他此时与马奈共同受业于库蒂尔门下。如其所言，马奈"中等身高、体格健硕，优雅的步伐使其更添几分魅力。他无论走路怎么大摇大摆或是说话像巴黎顽童般怪腔怪调，都丝毫不会显得粗俗。人们看得出他的教养……"

马奈与库蒂尔的关系有些扑朔迷离。这段师生关系无疑称不上皆大欢喜，但也很难相信马奈曾对其老师有他后来声称的那么蔑视：因为他不仅在库蒂尔手下学习了6年，而且最终在其老师的基础上发展出了自己的风格。马奈早期的《安托南·普鲁斯特画像》（*Portrait of Antonin Proust*，私人收藏）与《拿樱桃的男孩》（*The Boy with the Cherries*，古尔本基安基金会，里斯本）就是例证，后者是一幅模仿画（pastiche），它会令人想起库蒂尔1846年所画的一幅男孩的草图。事实上库蒂尔有许多自由和反学院的想法，但却极少因这些想法而获得赞誉。关键在于库蒂尔对现实主义有着一种近乎偏执的厌恶。这一点从他的一幅讽刺画就可以看出，画中一名学生正对着猪鼻子写生［《现实主义画家》（*The Realist*），克劳福德市艺术学校，科克］。马奈对他的老师曾经还是有

1 安托南·普鲁斯特（Antonin Proust，1832—1905年），法国记者和政治家。
2 托马·库蒂尔（Thomas Couture，1815—1879年），法国著名画家。

些崇敬的，也真诚地相信他最终会接受现实主义，但是1859年时马奈终于发现自己大错特错。当他将自己第一幅真正意义上的现实主义画作《喝苦艾酒的人》（*The Absinthe Drinker*，彩色图版1）交给老师审核时，库蒂尔给出的评价却是："只有一个人喝了苦艾酒，那就是这件疯东西的作者。"

《喝苦艾酒的人》一方面导致了马奈和库蒂尔的最终决裂，另一方面也使马奈第一次有机会与官方打交道，而其原因正是1859年沙龙委员会拒绝了这幅作品。这次作品被拒对马奈打击很大，以至于他决定下次参赛作品的主题要不再那么有争议。1860年冬，马奈着手一件大型作品的创作，作品以福斯特曼[1]为鲁本斯（Rubens）原画所作的版画为基础，描绘了一位风景中的裸女（奥斯陆国家美术馆藏有一幅此画的素描草稿）。尽管这幅作品明显是为沙龙所作，但却没能让马奈满意，最终马奈放弃了这幅画，并将这一年早些时候完成的2幅画送去了沙龙：他父母的肖像与《西班牙歌手》（*The Spanish Singer*，大都会艺术博物馆，纽约）。令马奈高兴的是，这2幅画均被评委会接受，《西班牙歌手》更是荣获二等奖，评论界对这幅作品也赞赏有加，这让马奈想着他已经崭露头角了。

令人吃惊的是，似乎没有批评家注意到马奈的一项风格创新：不使用半色调（half-tones），这项创新让我们有理由将《西班牙歌手》甚至是马奈父母的双人肖像看作19世纪艺术发展的指示牌。马奈称传统大师赭石色的半影（penumbra）像"肉汁似的"。这种半影是沙龙里的展品所通用的技法，但是马奈却不想陷于其中。在《西班牙歌手》中，明亮的光线平铺在这位习惯于喝酒吃葱的吉他演奏者身上，人物显得分外真实。一般认为半色调对于关键性细节（nuance dominante）至关重要，马奈却发现了其谬误，进而确立了艺术家有使用任何他们喜欢的颜色与色调的权利，这一点在很大程度上为印象派（Impressionism）和之后艺术的发展打下了基础。所以也难怪到1861年末的时候马奈身边就聚集了一小群青年艺术家，他们充满激情并且对马奈推崇备至，其中就包括勒格罗[2]、卡罗吕斯－杜兰[3]和方坦－拉图尔[4]。

1862年对马奈来说至关重要。为了巩固1861年所取得的成果，马奈着手创作一系列充满雄心壮志的作品。据塔巴朗[5]所言，其中第一件便是巨幅的《老音乐家》（*The Old Musician*，彩色图版3）。这幅画是受委拉斯凯兹（Velázquez）《醉汉》（*Topers*）的启发。马奈虽未见过该画的原作，却间接地通过戈雅（Goya）的版画而对其有所了解。尽管《老音乐家》色彩丰富清新，却算不上全然成功，因为显而易见这幅画是由好几幅习作拼接而成的，画中人物之间也缺乏时空、构图乃至主题上的关联。类似的问题在马奈19世纪60年代的作品中多有出现，原因不难

1　卢卡斯·福斯特曼（Lucas Vorsterman，1595—1675年），巴洛克版画家，曾与鲁本斯、安东尼·凡·戴克共事。

2　阿方斯·勒格罗（Alphonse Legros，1837—1911年），法国画家、蚀刻铜版画家和雕塑家。

3　卡罗吕斯－杜兰（Carolus-Duran，1837—1917年），法国肖像画家，法兰西艺术院成员。

4　方坦－拉图尔（Fantin-Latour，1836—1904年），法国肖像画家、版画家和插画家。

5　阿道夫·塔巴朗（Adolphe Tabarant，1863—1950年），法国艺术批评家，著有《波德莱尔时代的艺术家生活》（*La vie artistique au temps de Baudelaire*）。

得知：马奈的构图感有问题。若是位更为传统的画家，可能会明智地使用艺术学院里学到的构图程式来掩盖这一弱点，而马奈却拒绝这样做。他一方面仅仅保留最简要的透视指示物（indications of perspective），另一方面不断创作这种"幼稚的"（naïve）日常生活中的非正式人物群像，从而不断强调自身的这一缺点。这一举动值得钦佩，但是马奈的一部分人物画确实显得不太协调统一，特别是像《老音乐家》这种所呈现的人物布局随意的作品。坚持的结果往往是错误的尺寸感破坏了空间透视效果，这方面的例子有《草地上的午餐》[The Picnic（Le Déjeuner sur l'Herbe），彩色图版 6]背景中不成比例的女子，《万国博览会一景》（View of the International Exhibition，国家美术馆，奥斯陆）前景中的小男孩和《布洛涅海滩》（Beach at Boulogne，彩色图版 20）中撑着遮阳伞的巨型男子。必须承认马奈确实是一位率性自然的画家，他"猛地一头扎进画布里，仿佛之前从未画过一样"（马拉美）。这一特点既造就了他许多作品的清新自然与浑然天成，也导致了其他一些作品的笨拙呆板和先天不足。即便他有意花费心思提前绘制素描，最终的构图也仍然可能不如人意，特别是构图需要一定景深或是包含两个及以上独立的人物或人群时。

马奈作品中类似的构图问题不胜枚举，在此可以用一件作品来结束这一讨论，即创作于 1862 年的以西班牙为主题的大型人物画《瓦伦斯的罗拉》（Lola de Valence，彩色图版 4）。此画构图极为成功。画中人物的姿态无疑来自戈雅，而整个场景设计则取自杜米埃 1857 年的一幅石版画（我年轻时，也曾是个杰出的西班牙女子啊[1]）。马奈将这些不

---

1 语出杜米埃作品《巴黎速写》（Croquis Parisiens），画面描绘了一位老年妇女看着舞台上的西班牙舞女，想到她也曾风华正茂地在舞台上起舞，如今却只能在后台敲着响板。

图 3
小骑士们

1860 — 1861 年；
蚀刻与水彩

同的元素完美地结合在一起，并且巧妙使用舞台布景加强了画中人物位于后台的真实感，这与剧院浪漫的幻觉主义（illusionism）形成了鲜明的对比。

读者们现在必然已经形成了这样一种观点：马奈是一个狂热的西班牙文化爱好者（Hispanophile）。要知道这在当时是十分普遍的。西班牙风尚（Hispagnolisme）即西班牙事物的流行，始于戈蒂埃、梅里美[1]和雨果等浪漫主义诗人和作家，至 19 世纪 30 年代末俨然成狂热之势。但是这一风尚到了 1848 年已日渐衰微，要不是 1853 年皇帝迎娶西班牙女子[2]使其暂时复苏，该风尚很可能不久就要销声匿迹了。在这里引述这些事并非无关紧要，要知道马奈是一个对于风尚变化的任何风吹草动都十分敏感的人。但与此同时也必须考虑另一个我个人认为更可能的原因：马奈的西班牙风尚与他对西班牙艺术的直接接触有关。

马奈学生时代的作品留存不多，且大多是对传统大师作品的临摹，因此我们难以确定西班牙风尚对他的的影响最初出现在什么时候。然而可以确定的是，马奈在 19 世纪 50 年代末与库蒂尔决裂之后便开始学习戈雅与委拉斯凯兹以建立其自身的风格。因此，西班牙艺术的特点时常出现在马奈这一时期的作品中并非全是偶然。1859 年戈雅的一系列版画的出版极大震惊了波德莱尔和他的朋友们，这其中就包括马奈。一定程度上正是由于这些影响，马奈才创作了《西班牙歌手》和其他一系列戈雅风格（Goyaesque）的版画。马奈十分欣赏戈雅画作中强烈的黑白对比，我甚至怀疑这对于马奈摆脱半色调大有帮助。而在 1860 年的巴黎，要想研习委拉斯凯兹就没那么容易了。话虽如此，马奈还是根据卢浮宫的一些作品创作了油画、素描和版画，这些作品当时被归于委拉斯凯兹，其中包括《玛格丽特公主肖像》（*Portrait of the Infanta Margarita*）和《小骑士们》（*The Little Cavaliers*，图 3）[3]。与此同时马奈还创作了两幅《致意委拉斯凯兹》（*Hommages à Velázquez*），画面描绘了马奈想象中的这位西班牙大师和他的模特在一起的场景。1862 年卢浮宫购得《菲利普四世肖像》（*Portrait of Philip IV*）后，马奈又据其创作了素描和版画。

马奈绘画的风格和主题都受到了西班牙风尚的极大影响，特别是19 世纪 60 年代初他在剧院和音乐厅遇见的那些西班牙艺人的影响。当1863 年一个斗牛表演团到达巴黎的时候，类似的事情再次发生，马奈特别邀请他们去了他的画室。随后便诞生了《酒馆》（*The 'Posada'*），描绘了一群人正在酒馆准备斗牛会的场景。画中人物超过 12 个，如同《小骑士们》一样，马奈再次将人物安排在一条直线上。这样的安排尽管使画面显得真实纯朴，却并不能使人物协调连贯。

关于马奈的西班牙风尚早已有了详尽的研究，因为这对马奈从优秀的学生成长为成熟的原创性艺术家至关重要。马奈大量研究西班牙绘画大师的作品并多有所得，包括如何使画面效果洗练，如何自然地绘制群像并表现其姿态，如何将黑色与灰色用作画面的主色调（active

图 4
穿斗牛士服装的 V 小姐

1862 年；
布面油画；
大都会艺术博物馆，纽约

1　普罗斯佩·梅里美（Prosper Mérimée，1803—1870 年），法国剧作家、历史学家、建筑师和短篇小说作者。

2　此处指拿破仑三世 1853 年迎娶欧仁妮·德·蒙蒂霍（Eugénie de Montijo）。

3　作者这么说是因为后来一般认为《小骑士们》并非委拉斯凯兹的作品。

colour），以及如何摆脱库蒂尔干瘪密集的笔触并代之以丰富多变且流畅自然地使用色彩。马奈学习西班牙绘画从生活取材而不倚重古雅、浪漫或是具有异域风情的画面效果，进而找到了一条通往"现代生活的画家"（Peintre de la vie moderne）的独特捷径。马奈在19世纪60年代早期以及更为重要的70年代晚期，正是以这一身份在艺术上做出了最为杰出的贡献（图4）。

"现代生活的画家"，意指那种能"从时尚里提取出诗意，于瞬间中分离出永恒"的艺术家。虽然波德莱尔最初提出这个概念时心中想的是康斯坦丁·居伊[1]，但他那篇著名的文章[2]用在马奈身上却恰如其分，而且早在1860年之前马奈与波德莱尔就已经是密友了。在波德莱尔的定义下，"现代生活的画家"是一个混迹人群的浪荡子和流浪者，他旁观世界、深入生活，但作为名人却又大隐于市；他以其天生的好奇面对生活，急于欣赏周遭发生的一切，与此同时却又处身事外不偏不倚。这难道不正是马奈所希望成为的样子吗？ 1862年当他完成了他的第一幅表现当代生活的巨作《杜伊勒里花园音乐会》（Music in the Tuileries Gardens，彩色图版5）时，这些话正是对其态度最为准确的描述。这幅作品不仅对马奈个人艺术的发展，而且对整个法国艺术的发展都至关重要。此画的构图无疑有所借鉴，它让人想起18世纪圣奥班[3]和德比古[4]的"风俗研究"（études de moeurs），并且与杜米埃的石版画、居伊和其他插图画师描绘的巴黎生活场景也关系密切。但是在其他方面，这幅画则是独一无二的。这是第一幅表现室外场景的作品（并非对自然的直接研习）。并且以下三点也同样可信：其一，它舍弃了"完成性"与"细节"，追求对生机勃勃的场景的总体描绘，这在法国的重要绘画中可以说是前所未有的；其二，对19世纪中产阶级生活进行真实客观并且似乎是自发的记录，但与此同时却又还能称得上是艺术品，这可以说是史无前例的；其三，按波德莱尔对于"现代"一词的理解，这幅画甚至堪称第一幅现代图像。伊莎贝尔和欧仁·拉米[5]虽也曾创作过类似主题的作品，但是过于美化的画面和花哨的服装却显得喧宾夺主；库尔贝虽然也对田园生活进行现实主义的描绘，有时却被死气沉沉的画室或不知所云的社会评论毁得面目全非。这两类缺点在马奈的作品中都不存在。《杜伊勒里花园音乐会》并非用于庆祝什么特殊事件，而只是对日常生活的如实记录。正是这一点使得作品在展览的时候引起了骚动：作品绘制"敷衍了事"就已是令人难以接受，而真正激怒那些巴黎观众的则是看见自己被如实地随意描绘下来。

由于大致类似的原因，公众们还攻击了马奈1862年的另一幅重要作品《街头歌女》（The Street Singer，彩色图版2），该画描绘了一位穿着沉闷的巴黎街头歌手正从廉价的酒馆里走出来的场景。若是马奈在

1　康斯坦丁·居伊（Constantin Guys，1802—1892年），法国画家。

2　即写于1863年的《现代生活的画家》（Le peintre de la vie moderne）。

3　圣奥班（Saint-Aubin）有三兄弟，从大到小分别为夏尔、加布里埃尔和奥古斯丁。三人均从事版画与素描创作，难以确定此处作者所指为哪一位。

4　菲利贝尔－路易·德比古（Philibert-Louis Debucourt，1755—1832年），法国画家和版画家。

5　欧仁·拉米（Eugène Lami，1800—1890年），法国艺术家，对水彩、石版画、插画和设计均有涉猎。

处理主题时流露出了一丝怜悯，公众可能就会觉得这幅画稀松平常而置之不理了。但事实上作品中既无丝毫感情也没什么典故，更糟糕的是色彩的应用，如保罗·曼茨所言：“除了杂乱不堪的黑白颜料，画面中一无所有，画面效果苍白粗糙而显得不祥。”造成这种“杂乱不堪”的部分责任自然在于马奈放弃了半色调的使用，但是我们也必须考虑另一个影响了他这一时期风格的因素：日本版画。举例来看，画中女歌手的形象被精简得近似形状美观的剪贴画，而她的裙子则几乎被处理成了二维的平面，裙子的花边和皱褶组成了一个粗体线性图案，这和喜多川歌麿（Utamaro）与葛饰北斋（Hokusai）作品中的处理如出一辙。如果说日本风格（japonerie）在《街头歌女》中还初见端倪的话，那在《奥林匹亚》（Olympia，彩色图版 7）和《吹笛少年》（The Fifer，彩色图版 13）等后来的作品中俨然已成为主导风格。尽管如此，马奈对日本风格的使用始终心存谨慎，他将其与西班牙和威尼斯艺术的元素甚至与埃皮纳尔版画[1]相结合。如此人们便很难说清日本风格究竟在马奈的作品中扮演了怎样的角色。举例来说，乍看《埃米尔·左拉肖像》（Portrait of Emile Zola，彩色图版 16），人们倾向于认为作品构思来自威尼斯艺术；然而仔细研究却发现不然，马奈将平面化的鲜艳图形以具有装饰性的方式布置起来，就如同背景中喜多川歌麿的版画一样。日本影响的确切痕迹能在很多地方找到，比如《奥林匹亚》中的女仆和场景安排，《阳台》（The Balcony，彩色图版 18）中的右侧人物，《持扇女子》（The Woman with the Fans，图 5）以及其他许多之后的作品。

图 5

持扇女子（尼娜·德·卡里亚斯）

约 1881 年；
布面油画；
奥赛博物馆，巴黎

1　埃皮纳尔版画（images d'Epinal），法国版画工业，由让－查理·佩尔兰建立，19世纪时影响很大。

在 19 世纪的画家中，马奈自然不是第一位发现和利用日本艺术在风格创新方面的可能性的画家。与此相反，日本风尚早在 50 年代中期便在先锋派的圈子里流行了起来，将日本木刻版画引向潮流的正是版画家费利克斯·布拉克蒙[1]、龚古尔兄弟[2]以及之后的波德莱尔。在马奈形成自身风格的过程中，日本风尚与西班牙风尚一样都正在流行。通过研究日本版画，马奈学会了如何将其形象平面化、简化空间指示系统（spatial notation）、消除透视的连续性、创造一种有节奏的线型结构，以及给予其"幼稚的"构图某种装饰上的统一性。马奈对日本风尚的想象性利用对于其后 19 世纪艺术的发展至关重要。因为欧洲艺术已经在学院派的泥沼中沉陷太久了，而马奈则为德加、印象派，以及后印象派（尤其是高更、图卢兹－劳特累克[3]和凡·高）提供了一条逃离这泥沼的方便之路。

日本风尚与西班牙风尚并不是影响马奈风格的仅有因素，这一过程中照相机也发挥了重要的作用，这也再次证明了马奈的洞察力和原创性。19 世纪中叶，正如波德莱尔所抱怨的那样，面对照相机这项新发明，当时许多艺术家都试图把作品画得如照片般准确详尽来与之竞争。与他们不同的是，马奈自身就是个资深摄影爱好者，因而认识到艺术家没有必要追求与达盖尔[4]一样，因为照相机已经消除了人们对于极度写实的需求。此外，照相机如实客观地看待事物的方式，以及照片中强烈的黑白对比也让马奈受益良多。跟德加一样，马奈也不时借用照片来创作。他甚至可能会为了将《杜伊勒里花园音乐会》中的友人与名流画得更相像而借用了照片。而最重要也最令人疑惑的是，照相机对马奈的影响体现在：马奈作品中的人物姿态僵硬写实并且"面无表情"，简直像在摄影棚里一般。在马奈 1870 年前创作的肖像和人物画中这样的特征十分典型，像《草地上的午餐》（彩色图版 6）和《画室里的午餐》（Luncheon in the Studio，彩色图版 19）中的人物就是例子。这些模特在盯着什么，如此全神贯注而又眼神空洞？观者能感觉到模特盯着的并非是画家，而是纳达尔[5]的"魔法盒子"。为何人物表情冷漠得仿佛戴着面具？马奈对浪荡本性的波德莱尔式狂热可以解释这一点。这种不带激情的处理方式让马奈能抓住"浪荡子的美的特性"，而据波德莱尔所言，这特性"尤其在于冷漠的神气，它来自一个不可动摇的决心：决不能被感动。可以说这是一团要让人猜测的潜在之火，它不能也不愿放射出光芒。这（波德莱尔的这些话本是指居伊，但是用在马奈身上恰如其分）正是在这些作品中完美表现出来的东西"。

到 1862 年末马奈确实应该感到满意了：这一年里他完成了 12 幅主

1　费利克斯·布拉克蒙（Félix Bracquemond，1833—1914 年），法国画家与蚀刻版画家。

2　龚古尔兄弟（the Goncourts）即哥哥埃德蒙·德·龚古尔（Edmond de Goncourt，1822—1896 年）和弟弟茹尔·德·龚古尔（Jules de Goncourt，1830—1870 年），兄弟二人都是法国自然主义作家。

3　图卢兹－劳特累克（Toulouse-Lautrec，1864—1901 年），法国后印象派画家、近代海报设计与石版画艺术先驱。

4　路易·达盖尔（Louis Daguerre，1787—1851 年），法国艺术家与摄影家。他发明了达盖尔摄影术（即银版摄影术），被认为是摄影发明者之一。

5　纳达尔（Nadar，1820—1910 年），本名加斯帕德－费利克斯·图尔纳雄，法国著名摄影家、讽刺漫画家、记者和小说家。作为摄影家的纳达尔尤其以人像摄影闻名。"纳达尔的魔法盒子"即照相机。

要作品和大量次要作品，将其原本犹豫不决的手法成功发展为一种强烈而灵活的个人风格，并且掌握了在画布上表现当时巴黎生活的方式。为了证明自己不再仅仅是个大有可为的新手，他急于展示自己的成果。因此，1863 年 3 月初，他将自己 14 幅最好的作品置于马蒂内画廊展出。马奈希望这些画能大获成功，那么沙龙评委就会毫不犹豫地接受他在当春稍晚将提交的另外 3 幅作品。但是像往常一样，马奈的乐观只是一场空欢喜。当时的公众尚未习惯个展的形式，而马奈的个展除了得到少数批评家和几个年轻艺术家（其中包括莫奈和巴齐耶[1]）的赞赏外，几乎所有人都大加批评，一位观众甚至威胁要用拐杖去捣毁《杜伊勒里花园音乐会》。祸不单行，马奈向沙龙提交的 3 幅作品 ——《穿马约戏服的年轻男子》（*Young Man in the Costume of a 'Majo'*）、《穿斗牛士服装的 V 小姐》（*Mlle Victorine in the Costume of an Espada*，图 4）和《草地上的午餐》——无一入选。马奈有足够的理由表示抗议，并且他也不是唯一这么做的艺术家。这一年沙龙评委会拒绝了超过 4000 幅作品，其中包括塞尚、惠斯勒[2]、毕沙罗[3]、方坦-拉图尔和戎金[4]的画作。结果抱怨四起，甚至连皇帝都要对此加以关注。最终皇帝被迫同意让被拒绝的画作统一在工业宫（Palais de l'Industrie）进行展览，虽然这一举动更多地是为了证明沙龙评委之明智而非表达皇帝的开明思想。马奈并未长期消沉，对这次展览自己作品的机会也是欣然接受。遗憾的是他的希望再一次破灭了。公众与批评家（除了扎沙里·阿斯特吕克[5]和托雷-比尔热[6]）对所谓的"落选者沙龙"（Salon des Refusés）毫不宽容。他们嘲笑所有作品，特别是马奈的画作，尤其是《草地上的午餐》，他们更是不屑一顾。

长篇引述报纸对马奈的批评毫无意义，从中只能看出第二帝国骨子里的庸俗。马奈的迫害者们无知愚钝，他们的谩骂非但不能阐明马奈作品的意义，反而使其更加晦暗难明。不难看出《草地上的午餐》真正使人们感到震惊的是它郑重其事地描绘了一个下流（risqué）的主题。若是马奈将这野餐场景描绘为挑逗的情爱场景（scène galante）[7]，或是他以田园牧歌而非现代方式来处理主题，抑或是他给画中男子穿上紧身衣和长筒袜再煞有其事地给作品取个颇有诗意的名字，公众也不会对这幅作品如此怒不可遏。这幅画的许多特点都让他们难以接受，包括作品概念的自然主义、缺乏典故细节和情感，以及使用明亮冷峻的光线而非传统上的金色光线、光线平铺整个画面而非用于强调某些漂亮部分。

若马奈真是个懦弱的守旧派（如保罗·科林等人所言），他大概会

1　巴齐耶（Jean Frédéric Bazille，1841—1870 年），法国印象主义画家。

2　惠斯勒（James Abbott McNeill Whistler，1834—1903 年），美国画家。

3　毕沙罗（Camille Pissarro，1830—1903 年），法国印象派画家。

4　戎金（Johan Barthold Jongkind，1819—1891 年），荷兰画家和版画家，被认为是印象派先驱。

5　扎沙里·阿斯特吕克（Zacharie Astruc，1833—1907 年），法国雕塑家、画家、诗人和艺术批评家。

6　托雷-比尔热（Thoré-Bürger，1807—1869 年），法国记者和艺术批评家，以重新发现维米尔的作品闻名。

7　此处的"情爱场景"是指被公众接受了表现爱情的场景，特指洛可可式的轻浮，与马奈作品的意味是完全不同的。

图 6
乞丐（哲学家）

1865 年；
布面油画；
芝加哥艺术博物馆

听取批评然后调整风格，但事实却并非如此。尽管马奈此时急于成名，却未曾向中产阶级的品位妥协，与此相反，他之后的创作甚至更显革命。《草地上的午餐》完成之后马奈便着手创作《奥林匹亚》（彩色图版 7）。此画一直是马奈的得意之作，而且此言不虚，因为作品充分体现了马奈风格的力量与原创性。在长期辛勤地多方学习之后，马奈才最终形成了自己的风格。这一风格预见了 20 世纪艺术中最精彩的部分，那就是以概念而非直觉要素作为作品的基础。《奥林匹亚》虽仅绘于《草地上的午餐》之后几个月，却已显出长足的进步。作品形式更为平面而简略，人物、床、花束和女仆（或者更应该说是她的裙子）等这些作品的主要元素都只是略赋形彩，在黑色背景前呈现为一大块剪影。尽管画面看似扁平，《奥林匹亚》却能唤起巨大的体量感，这多亏了阴影的巧妙使用、画面若隐若现的轮廓（这正是马奈最饱受争议的创新，但这难道不是十分正统古典的吗？）和奶油色的厚涂颜料（impasto，这种画法使得画中女子的血肉真实可感）。也许如今《奥林匹亚》已经显得有些烂大街了，因而人们也难以再去欣赏它的美。但是对我而言，再多的复制品也难消其光晕、减其生机。

1865 年沙龙展览《奥林匹亚》的时候，马奈究竟在想些什么呢？众所周知马奈有些幼稚，但也不会幼稚到以为这幅画的风格和主题不会引起公愤。《奥林匹亚》被称作"黄肚皮的妓女""轮廓漆黑的橡胶母猩猩"，甚至是在此之前还推崇马奈的库尔贝据说也曾将其比作"出浴的黑桃皇后"[1]。言语不足以表达愤怒，有人甚至直接攻击画作。沙龙只得将画挂在最后方展厅的门上面，那里人够不到，它才最终幸免于难。将画挂在这样的位置使得"人们简直分不清看的是一具裸体还是一堆衣服"。尽管如此，如保罗·德·圣维克多（Paul de Saint-Victor）所言："大众依然蜂拥而至，看着恶心的《奥林匹亚》和《耶稣受难图》（Ecce Homo），就跟在停尸房似的。"

跟《草地上的午餐》一样，《奥林匹亚》激怒人们的不仅是其风格的创新，更是主题的"恬不知耻""道德沦丧"和"粗俗不堪"。画面上有个裸女，谁都知道她是谁（这样的裸女在艺术史上屈指可数），她并非一位无名女子，也没有装扮成切尔克斯奴隶（Circassian slave）[2]、妖艳的拔示巴[3]、傻笑的宁芙或是某个理想化的冰山美人的样子。奥林匹亚斜倚在床上，姿态还算优雅，她从黑人女仆手中接过花束，而这正是她魅力的象征。公众其实对下流的主题偏爱有加，只要将这些行为用文明掩盖起来。这种掩盖通常有两种方式：给故事披上寓言的外衣或是将场景表现为对于罪的惩罚。马奈却是个十足的浪荡子，因而不愿掩盖或是给作品披上道德外衣。他以其典型的客观态度描绘了这位"享乐女子"

1　黑桃皇后亦即黑桃 Q。其出处可能是普希金的小说《黑桃皇后》（Пиковая дама），因该剧 1850 年被法国作曲家弗洛蒙塔尔·阿莱维（Fromental Halévy）改编为同名歌剧（La dame de pique），故在当时这可能是一个流行表达。

2　"切尔克斯美女"（Circassian beauties）在艺术史上指理想化的女性。这一说法的来源可以追溯到中世纪和文艺复兴时期，当时切尔克西亚（Circassia）是西欧奴隶的重要来源地。

3　拔示巴（Bathsheba）是《圣经》中的人物，她原本是大卫下属军官乌利亚的妻子，有一次大卫在房顶上行走，看到拔示巴在洗澡，他就爱上了美丽的拔示巴，诱奸拔示巴怀孕后，大卫借故杀死了乌利亚，使她成为自己的妻子。

图 7
万国博览会一景

1867 年；
布面油画；
国家美术馆，奥斯陆

（demi-mondaine）[1]：赤身裸体而不觉羞耻［批评家们自然用的是"恬不知耻"（brazen）］。毫无疑问她就是一名当时的巴黎女子，而许多沙龙参观者都藏着一个类似的情人，这一切都让人们大感羞辱。沙龙结束时，德加说马奈的名气已经变得"像加里波第[2]一样大"了。事实上这恶名已经大到使马奈成了众矢之的，根本谈不上能"享受由处事不惊带来的自豪满足"。至此马奈已经失去了继续创作的信心，只得逃往西班牙。

马奈的西班牙之旅既给他带来了启示也带来了失望：说是启示是因为西班牙的艺术大师们远超出了马奈的期望，而西班牙生活的场景也讨他欢心；说是失望是因为马奈的生活习惯井然有序，受不了那里的灰尘与糟糕的食物。若是马奈当时没那么沮丧，说不定好奇心就战胜了厌恶感。而事实却是马奈在马德里都没待到十天。尽管如此，这十天却已足够马奈养成对斗牛的爱好，并且发现戈雅并非如他期望的那么优秀，而委拉斯凯兹才是"画家中的画家"。"《菲利普四世时期著名演员肖像》（*Portrait of a Celebrated Actor of the Time of Philip IV*，图 17）[3]是委拉斯凯兹所有作品中最为非凡的（马奈在给方坦－拉图尔的信中如是说），也许也是最震撼人心的。作品的背景隐匿了，栩栩如生的人物穿一袭黑衣，四周空无一物……多么出色的肖像啊！提香的《查理五世像》（*Charles V*）与之相比只能相形见绌。"

马奈作品中西班牙因素第二次大量出现，正是因为其对委拉斯凯兹作品的直接接触。马奈返回巴黎之后便创作了《悲剧演员》（*The Tragic Actor*，国家艺术画廊，华盛顿），画中人物被轻快的浅灰色调包围，让

---

1 Demi-monde 出自一部名为《半上流社会》（*Le Demi-Monde*）的喜剧，意指公然追求享乐主义生活的群体。这个词 19 世纪末至 20 世纪初在欧洲曾广为使用。而"demi-mondaine"为该词的阴性形式，指具有相应特质的女子，后来已成为妓女的委婉表达。

2 朱塞佩·加里波第（Giuseppe Garibaldi，1807—1882 年），意大利爱国志士及军人。他献身于意大利统一运动，亲自领导了许多军事战役，是意大利建国三杰之一。

3 此画又名《巴勃罗·德·巴利亚多利德》（*Pablo de Valladolid*）或《巴勃里洛斯·德·巴利亚多利德》（*Pablillos de Valladolid*），现藏于普拉多博物馆。

人不禁想起《巴勃罗·德·巴利亚多利德》（图17）[1]。而两幅《哲学家》（The Philosopher，1865年，芝加哥艺术博物馆，图6）和《拾荒者》（Rag-and-Bone Man，私人收藏）是同一类作品，都是等身大型肖像习作，主题也都是站在漆黑的平面背景前的老人，这明显是受委拉斯凯兹的《伊索》（Aesop）和《梅尼普斯》（Menippus）[2]（二者都藏于马德里普拉多博物馆）的直接影响。确实可以很明显看出马奈对委拉斯凯兹作品的二次阐释显得太过刻板。虽然这些阐释性作品中有一些传统大师的优点让人印象深刻，却也在时刻提醒着我们，马奈作品中像这样源于其他艺术作品而非源于自然的实在是屈指可数。然而并非所有受西班牙之行启发的作品都这般缺乏原创性，始作于1865年10月的3幅表现斗牛的出色作品就全然不受委拉斯凯兹的影响，这些画是客观的自然主义记录而非像这一时期的其他许多作品那样只是风格实验的工具。诚然，马奈观看了戈雅的《斗牛》（Tauromaquia）并阅读他自己在马德里做的笔记，以便唤起他对斗牛的记忆。但是这些作品形象生动，这一点更能说明作品源自直接的视觉经验。作品自然主义的构图看似随意，其实远胜于那些他在西班牙之行前的作品。

马奈1866年向沙龙递交了两幅作品：绘制于1865年秋的《悲剧演员》和绘于大约6个月之后的《吹笛少年》（彩色图版13）。两幅作品双双落选，但我们将两幅作品进行对比也能发现类似的风格演化进程。这两幅作品都借鉴了委拉斯凯兹的《巴勃里洛斯》，这一点从两人周围都"空无一物"可以看出。尽管前者几近一幅模仿画，后者却充满新意且大获成功。《吹笛少年》大胆综合了西班牙和日本的风格元素，即使对比《奥林匹亚》也更胜一筹。马奈从委拉斯凯兹那里学会了如何利用大片灰色和少许阴影（如少年右脚后的部分）来营造空间真实感，而从日本艺术中则学会了如何让平面形式简单但却和谐而有表现力。在马奈的同侪中，几乎只有左拉一人看到了马奈的目的。左拉写道："我们最伟大的风景画家之一曾说这幅画就像服装店老板的广告牌。如果他的意思是这男孩的衣服处理得如同流行版画般简洁，那我同意他的说法。黄色的帽穗、蓝黑色的短袍、红色的裤子，简直就像些色块的拼接。画家敏锐的眼光成就了画面的简洁，而这简洁在画布上则呈现为轻巧质朴（naïveté），高贵迷人，却又真实粗犷。"

和谐、明晰、集中笔力于重点，《吹笛少年》中的这些特点也同属马奈其他杰作，尤其是1869年之前的作品。以《马克西米利安皇帝的处决》（彩色图版14）为例：马奈选择的事件是如此复杂，但他的构图却又如此简洁！故事的讲述充满了戏剧性，尽管缺乏文学修辞却具有令人震撼的画面效果，次年的《画室里的午餐》（彩色图版19）也是如此。《画室里的午餐》是马奈最为复杂的作品之一，但却处理得十分简洁（例如画中的猫就被简化得近乎黑色的图画文字），使得画作栩栩如生而让人耳目一新。相比之下，像《温室植物园》（The Conservatory，彩色图版39）这种许久之后的作品虽然构图简单，但却细节过繁而显得花里胡哨。

1　即前文所说的《菲利普四世时期著名演员肖像》。

2　梅尼普斯，约活动于公元前3世纪前期，伽达拉人，犬儒派哲学家，因以讽刺手法推广犬儒派对生活的看法而闻名，作品均已佚失。

图 8
埃米尔·贝洛特肖
像（好一杯啤酒）

1873 年；
布面油画；
费城艺术博物馆，费城

　　人们可能会觉得像《画室里的午餐》这样精彩绝伦的作品定会博得
批评家和公众的喜爱，但事实上马奈的每幅新作都只能招来他们的愤怒
和讥讽。虽然马奈当时还算在乐观与悲观之间摇摆，但是面对 1867 年
个展的惨淡收场、沙龙投稿的连番落选和报纸上各种恶意攻击，马奈终
于还是陷入了自我怀疑的阴暗境地。他几乎放弃了刚娴熟起来的综合风
格，很少作画并且不断毁坏未竟之作（塔巴朗仅列出了 6 幅创作于 1867
年的作品，而 1868 年也仅有 7 幅），甚至不再敢邀请亲友之外的人来
当模特。

　　在这个马奈风格发展至关重要的点上，有一群年轻的崇拜者可能算
是他唯一可以聊以自慰的事了，莫奈、巴齐耶、雷诺阿[1]和贝尔特·莫
里索[2]都视他为伟大的开创者。马奈对这些人都很友好，其中与莫里索格
外亲密。莫里索与马奈一样都是大资产阶级（haute bourgeoisie）的产物，
这位冰雪聪明又外表迷人的女孩十分吸引马奈，因为她是个听话的模
特、有着西班牙式引人注目的容貌，而且喜欢穿马奈最钟情的黑白色服
装，这些可以从马奈的一些最为引人入胜的肖像中看出（彩色图版 22）。
另一方面，由于她也是一位有着自身风格的现代画家，她和马奈可以说
是互为师徒。尽管她的作品有时显得业余而草率，但她的业余却适合天
才来加以利用。我们也别忘了她是弗拉戈纳尔[3]的曾孙女，并且曾是柯罗

1　皮耶尔－奥古斯特·雷诺阿（Pierre-Auguste Renoir，1841—1919 年），法国印象
画派的著名画家和雕刻家。

2　贝尔特·莫里索（Berthe Morisot，1841—1895 年），法国印象派女画家。1868 年
莫里索结识马奈，后与其弟结婚。

3　弗拉戈纳尔（Jean-Honoré Fragonard，1732—1806 年），法国洛可可风格画家。

图 9

滑冰

1877 年；
布面油画；
福格艺术博物馆，哈佛
大学，马萨诸塞州

的学生，所以她有新奇的眼光和轻盈的笔触就不足为怪了，而这两个特点则显著出现在马奈 1869 年的作品中。当然莫里索并非是 19 世纪 60 年代末影响马奈改变风格的唯一因素，莫奈这位更有创造性的艺术家也是部分原因。但是我怀疑莫里索才是劝说马奈用新眼光看待自然的人，也是她让马奈不再沉迷于对风格的不断考量。总的看来，很难说马奈的埃杰里亚[1]"充满灵感的业余风格和原印象主义（proto-Impressionist）"的方法对他艺术的影响是全然正面的，因为除了一两幅值得关注的作品〔例如《波尔多港》（*The Harbour at Bordeaux*），彩色图版 23〕和莫里索的杰出肖像（彩色图版 22）外，马奈 1870 年和 1871 年的作品都显得有些草率，而在风格上则有些非驴非马。如若马奈身体稍好或是更有斗志，他或许会创作更多更为连贯一致的作品；但是巴黎被围（Siege of Paris）[2]、公社运动和战后巴黎生活的动荡都使马奈陷入了可怜的神经质状态。在这个充满疑惑与不安的时期，马奈创作的几幅作品都揭示了画家的彷徨不定，他轮流在莫里索、戈雅和莫奈那里寻找灵感，短暂地回归到 60 年代中期的"平面"风格，并且最终在 1872 年夏游览荷兰之后投入到一幅荷兰风格的风俗画——《埃米尔·贝洛特肖像》（*Portrait of Emile Bellot*，图 8）[3]——的创作中。

《埃米尔·贝洛特肖像》在马奈作品中可以说是独一无二的。首先，马奈在这幅作品上投入了比大多数作品都多的精力；其次，这是一次有意"使批评家们自食其言"的尝试，必须承认这是一次成功的尝试，因为这幅画在 1873 年沙龙展览的时候获得了热情称赞；最后，这幅画也表明了马奈当时在多大程度上沉迷于哈尔斯和其他荷兰风俗画家的作品；此外这幅画还标志着马奈困难时期的结束。作品最终在沙龙上取得成功，迪朗-吕埃尔（Durand-Ruel）也在这一时期买下了马奈的一些作品，而且第三共和国的到来给巴黎带来了欢乐，这些都鼓舞了马奈。马奈重新开始创作一些表现当时生活乐观面的作品，其中最杰出的是《铁路》（*The Railway*，彩色图版 28）和《巴黎歌剧院里的假面舞会》（*The Masked Ball at the Opéra*，私人收藏）。后者表现的欢快生动的风俗场景（scène de moeurs），无论在构图还是精神上都与《杜伊勒里花园音乐会》如出一辙。与此同时，马奈也发现他自己比以往任何时候都更加深入印象派的领域。然而对此我们必须保持谨慎，因为自从这个群体在 19 世纪 70 年代被称作"马奈一伙"（la bande à Manet）后，马奈与印象派成员的短暂交往就开始造成各种误会。马奈在风格上的新发现、他对学院派高度完成的作品的排斥、对纯色的使用和他对生活自然主义的视角都为之后的印象派奠定了基础并且有着决定性的影响；但是印象派画家并不因此就忠实追随马奈，而在对光的表现、眼睛对色彩的反应等基本问题上双方的观点更是大相径庭。印象派从未真正属于"马奈一伙"，马奈也从不是印象派的一员，尽管时常有人如此声称，这是因为马奈

1　埃杰里亚（Egeria），本是一位宁芙女神，后来在罗马早期历史中扮演了角色，据说是罗马第二萨宾国王的配偶和指导者，她帮助建立和制定了古罗马的宗教机构及法律法规和礼仪。她的名字后来作为了女顾问的代名词，此处即是指莫里索。

2　巴黎被围从 1870 年 9 月 19 日一直持续到 1871 年 1 月 28 日，当时巴黎被普鲁士军队控制，这导致了法国在普法战争中的失败和巴黎公社的建立。

3　此画又称 *Le Bon Bock*，字面意思即是"好一杯啤酒"，作者在后文中就曾以此名称呼这幅作品。

从未单纯根据光线设想过任何场景，他也从未画过一幅真正的印象主义作品；在印象主义画作中黑色不会直接出现，而是被分解成了其互补色（complementaries）[1]。正是因为这些原因，马奈总是拒绝和印象派画家们一同展出。像他所说的，在沙龙上无论成败他都更愿意靠自己。马奈只是在很有限的程度上才能被称作印象派画家。他曾在莫奈甚至包括雷诺阿的支持下开始采用更明亮的色彩、使用点状的破碎笔触，并且更多地尝试户外主题，例如《威尼斯大运河》（*The Grand Canal, Venice*，彩色图版 32）。印象派的影响并未损害马奈的艺术，反而是带来了许多有利的效果；像《阿让特伊》（*Argenteuil*，彩色图版 30）这些他 19 世纪70 年代中期最好的作品与之前相比，在技法上更为统一、笔法上更为丰富多变、色调上也更为明亮。当然马奈这一时期的作品也是有缺陷的，即作品不如之前紧凑有力，甚至有沉溺于为作品之美而美的唯美绘画（belle peinture）的趋势，但是这些缺陷都与印象派无干。事实上，有部分原因是马奈身体欠佳，另部分原因是批评家、沙龙评委和大众一如既往的恶意，甚至有人怀疑这和他与诗人马拉美（彩色图版 33）日益增长的友谊也有关系。马拉美可能鼓励过马奈潜在的唯美主义（aestheticism）和埃尔斯蒂尔（Elstir）[2] 般结交花花公子的倾向。

1877 到 1878 年，马奈和印象派在艺术上已经分道扬镳。尽管在生命的最后两年马奈曾再次尝试室外题材，但他真正伟大的晚期作品都是描绘人——尤其是女人——而非自然。有趣的是，马奈曾说过他只画第三共和国时期的典型女性而绝不会画第二王朝时期的，但马奈刚出道时就以"现代生活的画家"而自居。若是马奈对于第二王朝时期的流俗与极权没那么反感，或许他还是会更为充分地描绘那一时期的生活的。

若将马奈与德加相比较，我们便能发现马奈的过人之处。德加展示一位无名女子的诸多方面，她便是"永恒的女性"（l'éternel féminin）[3]；而马奈的晚期作品则为我们呈现了第三共和国时期巴黎女子的众生相，包括交际花、贵妇、女演员、酒吧女招待、中产阶级、知识分子老处女和站街女。不仅如此，他还注意到她们的服装、发型和姿态都适用于模特，而且这也是那个时代所特有的。

马奈是时尚的编年史家？确实如此，但与此同时他也是生活的编年史家，这也许是马奈最为伟大的特征。他自 1877 年就开始创作一系列杰出风俗画，包括《音乐咖啡馆里的女歌手》（*Singer at a Café-Concert*，彩色图版 37）、《咖啡馆内景》（*Interior of a Café*，彩色图版 41）和《女神游乐厅的酒吧》（*A Bar at the Folies-Bergère*，彩色图版 46）。在这些画中，人们可以感觉到马奈神奇地停住了时间的脚步，因为这些作品中的每一幅都以伟大艺术之名使瞬间永恒。正是这一点将马奈与蒂索[4]、贝

1　传统色轮的三原色是红黄蓝，而一种原色与另外两种原色组合形成的二次色组成互补色，亦即红—绿（绿色是黄和蓝的二次色，同理橙和紫也是二次色）、橙—蓝和黄—紫。使用互补色其实就是使用了三原色，从而会混合出黑色或灰色的效果，因此作者才说黑色以互补色的形式出现。

2　埃尔斯蒂尔是普鲁斯特《追忆似水年华》中的一个画家，人物原型可能就是马奈。

3　"永恒的女性"是一个心理学原型或哲学概念，意指被理想化的不会变化的女性。这一概念是性别本质主义（gender essentialism）的重要理论，该流派相信女性有不为时代和环境所改变的内在本质。

4　詹姆斯·蒂索（James Tissot，1836—1902 年），法国画家。

罗[1]、史蒂文斯[2]这些当时次一级的画家区分开来，尽管他们也曾描画那些时来时往的各类活动。马奈对客观的自然主义的视角从一而终的坚持也使得马奈与他们不可同日而语，马奈总是能以正确的方式看待他的时代。

马奈的疾病和1883年的早逝给现代艺术带来的打击远比人们的普遍认识要严重得多，因为到19世纪70年代末时他已经在绘画的各个方面都更为得心应手了。他学会了如何取得更为丰富多变的效果，发展出了更令人印象深刻的色彩感，大范围拓展了想象并且克服了构图上的问题。或许他自己也感觉到了他有非常多的东西要表达，他事业的巅峰近在眼前。沙龙观众终于学会了容忍他的新风格和新视角，而这甚至极可能促使他百尺竿头更进一步。马奈的巅峰之作《女神游乐厅的酒吧》激发了人们对于那些他未能创作出的作品的憧憬，这些作品可能以充满寓意的方式精彩地描绘了他所面对的现代生活。

悲哀啊，由于疾病的缘故，马奈未能继续创作更为雄心勃勃的作品，相反只能局限于日益缩小的尺幅。他创作印象派的园林风景、田园肖像，以及1880年至1883年的那些花卉画（彩色图版48），到了生命的最后一年他甚至认真考虑过制作微型画。这是马奈的悲哀，对我个人而言这悲哀甚过莫奈与德加的失明，甚过修拉和图卢兹－劳特累克的早亡，因为这些艺术家至少能创造出统一完整的作品系列。马奈是一个伟大的开创者、伟大的践行者、伟大的艺术家且有着伟大的影响力，但是对他而言最为重要的身后作品却是不完整的。

1　贝罗（Jean Béraud，1849—1936年），法国画家，以描绘巴黎生活场景闻名。

2　艾尔弗雷德·史蒂文斯（Alfred Stevens，1823—1906年），比利时画家，以描绘当时的高贵女子闻名。

图 10
拿画板的自画像

1879 年；
布面油画；
私人收藏

生平简介

1832 年　　1 月 23 日马奈生于巴黎小奥古斯丁街五号（5 rue des Petits-Augustins）[1]。其父为奥古斯特（Auguste），当时受聘为法国司法部长；其母为欧仁尼 - 德西蕾（Eugénie-Désirée），父姓富尼耶，是一名外交家的女儿。

1839—1844 年　　马奈就读于沃日拉尔区的普瓦卢学院（the Poiloup school）。这一时期马奈在其舅舅爱德蒙 - 爱德华·富尼耶（Edmond-Edouard Fournier）的影响下开始尝试绘画。

1844 年　　马奈进入罗兰学院（Collège Rollin）。在此他遇见了安托南·普鲁斯特，两人日后成为了终生好友。

1848 年　　马奈完成了罗兰学院的学业，之后乘"勒阿弗尔与哥德洛普"号（Le Havre et Guadeloupe）军舰出海。

1849 年　　4 月：马奈身处里约热内卢。马奈海军学院考试落榜并决定学习绘画，随后开始进入了托马·库蒂尔的画室学习。

1850—1856 年　　在库蒂尔的画室学习。

1853 年　　游览意大利。

1856 年　　马奈在荷兰和德国旅行，游览了慕尼黑、德累斯顿和维也纳一线，之后去了意大利，游览了佛罗伦萨、罗马和威尼斯。

1861 年　　马奈的《西班牙歌手》入选巴黎沙龙并获得褒奖。

1862 年　　马奈遇见了之后经常合作的模特维多琳·默兰。

1863 年　　2 月至 3 月：马奈在路易·马蒂内（Louis Martinet）的画廊举行展览。他提交给沙龙的作品均落选，最终只得在"落选者沙龙"展览。《草地上的午餐》是引起批评家和大众恶意关注的焦点。
10 月 28 日，马奈与苏珊·林霍夫（Suzanne Leenhoff）在荷兰结婚。

1864 年　　马奈在布洛涅（Boulogne-sur-Mer）度过了夏天。

1865 年　　2 月：马奈在马蒂内的画廊展览新作。
8 月：马奈游览西班牙，并结识了泰奥多尔·迪雷[2]。

1867 年　　马奈在位于阿尔玛大道（the avenue Alma）的波梅勒尔（Pomereux）侯爵的花园凉亭举行了展览；马奈在布洛涅与特鲁维尔（Trouville）度过夏季。

1868 年　　马奈在布洛涅开始创作《画室里的午餐》。

1869 年　　马奈结识埃娃·冈萨雷斯（Eva Gonzalés）并收其为徒。

1870 年　　12 月：马奈加入国民军（National Guard）。

1871 年　　马奈在奥洛龙（Oloron）与家人重聚，之后游览了波尔多并在阿卡雄（Arcachon）度过了一个月。
5 月：马奈返回巴黎，并发现他的画室有些被破坏了。

1　如今该街称为波拿巴街（Rue Bonaparte）。根据 1852 年 8 月 12 日颁发的法令，小奥古斯丁街等三条街合并称为波拿巴街。

2　泰奥多尔·迪雷（Théodore Duret，1838—1927 年），法国作家、记者和艺术批评家。

1872 年	马奈向迪朗－吕埃尔出售了他的第一幅画作并搬到了位于圣彼得堡街 4 号（4 rue de Saint-Pétersbourg）的新画室。 8 月：游览了荷兰。
1873 年	《好一杯啤酒》（Le Bon Bock）[1] 在沙龙上大获成功；马奈结识了马拉美。
1874 年	7 月：马奈与欧谢德（Hoschedé）一家人在蒙日龙（Montgeron）度过了两周，之后游览了费康（Fécamp）。
1878 年	马奈开始为左腿的疼痛所困扰；离开位于圣彼得堡街 4 号的画室并新租了奥托·罗桑伯爵（Count Otto Rosen）的画室。
1879 年	4 月：马奈搬到了阿姆斯特丹街 77 号（77 rue d'Amsterdam）的新画室；左腿的疼痛卷土重来，马奈开始在贝尔维（Bellevue）[2] 的诊所看医生。
1880 年	4 月：马奈在《当代生活》（La Vie Moderne）杂志举行的展览上展示了新作。之后在歌手埃米莉·安布尔[3] 的别墅度过了几个月，于 11 月返回巴黎。
1881 年	马奈在沙龙上展览了亨利·佩尔·蒂塞（Henri Pertuiset）和罗什福尔的肖像并荣获二等奖［现在称为"非竞赛奖"（hors concours）］。 6 月：马奈搬到了位于凡尔赛的别墅。普鲁斯特时任甘必大内阁的美术部长（Minister of Fine Arts），在他的推荐之下马奈获得了荣誉军团勋章。
1882 年	马奈最后一次在沙龙展览，展出了《春：让娜》（Spring: Jeanne）和《女神游乐厅的酒吧》。 7 月至 10 月：马奈居住在吕埃（Rueìl）。
1883 年	4 月 14 日：马奈左腿出现坏疽，医生决定截肢。 4 月 30 日：马奈去世。

1　即《埃米尔·贝洛特肖像》。

2　法属圭亚那的一个小村庄。

3　埃米莉·安布尔（Émilie Ambre，1849—1898 年），法国歌剧女高音。

部分参考文献

马奈作品全集

G. Wildenstein, P. Jamot, and M-L. Bataille, *Manet* (2 vols.), Paris, 1932.

D. Wildenstein and D.Rouart, *Manet* (2 vols.), Paris, 1975.

专 著

P. Courthion and P.Cailler (eds), *Portrait of Manet by Himself and his Contemporaries*, London, 1960.

T. Duret, *Histoire d'Eduoard Manet and de son œuvre*, Pairs, 1902; Paris, 1919 with catalogue supplement.

G.H. Hamilton, *Manet and His Critics*, New York, 1969.

A.C. Hanson, *Manet and the Modern Tradition*, London, 1977.

J.C. Harris, *Edouard Manet: Graphic Works*, New York, 1970.

G. Mauner, *Manet, Peintre-Philosophe*, University Park and London, 1975.

E. Moreau-Nélaton, *Manet raconté par lui-même* (2. vols), Paris, 1926.

S. Orienti, *The Complete Works of Edouard Manet*, London, 1972.

H. Perruchot, *Manet*, London, 1962.

T.Reff, *Manet: Olympia*, London 1976.

J. Rewald, *The History of Impressionism, 4th edition*, London and New York, 1974.

期刊文章

A. Boime, 'New Light on Manet's "Execution of Maximilian"', *Art Quarterly*, XXXVI (1973), 172-208.

A. Bowness, 'A note on Manet's "Compositional Difficulties"', *The Burlington Magazine*, CIII (1961), 276-7.

T.J.Clark, 'Preliminaries to a Possible Treatment of "Olympia" in 1865', *Screen*, Vol.21 (1980), 18-42.

B.R. Collins, 'Manet's Luncheon in the Studio"', *Art Journal*, Winter 1978/9, 107-13.

A. De Leiris, '"Sur la plage de Boulogne"', *Gazette des Beaux-Arts*, LVII (1961), 53-62.

M. Fried, 'Manet's Sources: Aspects of his Art, 1859-1865', *Artforum*, VII (1969).

J.C. Harris, 'Manet's Racetrack Paintings', *Art Bulletin*, XLVIII (1966), 78-82.

T.Reff, 'On Manet's Sources', *Artforum*, VII (1969), 40-8.

展览目录

Edouard Manet and the 'Execution of Maximilian', an exhibition by the Department of Art, Brown University,Providence, Rhode Island, 1981.

Manet and Spain, catalogue by J.S. Harris and J. Isaacson, The University of Michigan, Ann Arbor, Michigan, 1969.

插图列表

彩色图版

22. 休憩（贝尔特·莫里索）

  1869—1870 年；布面油画；148cm×111cm；
  罗德岛设计学院，艺术博物馆，普罗维登
  斯，罗得岛州

23. 波尔多港

  1871 年；布面油画；65cm×100cm；
  布尔勒收藏展览馆，苏黎世

24. 裸女

  约 1872 年；布面油画；60cm×49cm；
  奥赛博物馆，巴黎

25. 贝尔特·莫里索

  1872 年；布面油画；55cm×38cm；
  私人收藏

26. 布洛涅森林赛马场

  1872 年；布面油画；73cm×92cm；
  私人收藏

27. 戴头巾的玛格丽特·德·孔夫兰

  约 1873 年；布面油画；56cm×46cm；
  奥斯卡·赖因哈特博物馆雷马赫尔兹邸收藏
  馆，温特图尔

28. 铁路

  1873 年；布面油画；93cm×114cm；
  H.O. 海维梅尔遗赠，国家美术馆，华盛顿

29. 在船上写生的莫奈

  1874 年；布面油画；80cm×98cm；
  （现代绘画馆），巴伐利亚国家绘画收藏馆，
  慕尼黑

30. 阿让特伊

  1874 年；布面油画；149cm×131cm；
  美术博物馆，图尔奈

31. 划船

  1874 年；布面油画；96cm×130cm；
  H.O. 海维梅尔夫人收藏，大都会艺术博物馆，
  纽约

32. 威尼斯大运河

  1874 年；布面油画；57cm×48cm；
  公积金证券公司所有，旧金山

33. 马拉美肖像

  1876 年；布面油画；27.5cm×36cm；
  奥赛博物馆，巴黎

34. 娜娜

  1877 年；布面油画；150cm×116cm；
  汉堡美术馆，汉堡

35. 贝尔纳街上的修路工

  1878 年；布面油画；63cm×79cm；
  私人收藏

36. 裸胸金发女子

  约 1878 年；布面油画；62.5cm×51cm；
  奥赛博物馆，巴黎

37. 音乐咖啡馆里的女歌手

  约 1878—1879 年；布面油画；73cm×92cm；
  鲁阿尔收藏，巴黎

38. 女服务员

  约 1879 年；布面油画；77.5cm×65cm；
  奥赛博物馆，巴黎

39. 温室植物园

  1878—1879 年；布面油画；115cm×150cm；
  国家美术馆，柏林

40. "在拉蒂依老爹家" 餐馆

  1879 年；布面油画；93cm×112cm；
  美术博物馆，图尔奈

41. 咖啡馆内景

  约 1880 年；油彩与粉笔亚麻本；32cm×45cm；
  布雷尔收藏馆，格拉斯哥美术馆与艺术画廊

42. 火腿

  约 1880 年；布面油画；32cm×42cm；
  布雷尔收藏馆，格拉斯哥美术馆与艺术画廊

43. 亨利·罗什福尔肖像

  1881 年；布面油画；81.5cm×66.5cm；
  汉堡美术馆，汉堡

44. 水晶花瓶中的铁线莲

  约 1881 年；布面油画；56cm×35.5cm；
  奥赛博物馆，巴黎

17. 委拉斯凯兹：《巴勃罗·德·巴利亚多利德》
    约 1632 年；布面油画；209cm×123cm
    普拉多博物馆，马德里

18. 戈雅：《1808 年 5 月 3 日》
    1814 年；布面油画；266cm×345cm
    普拉多博物馆，马德里

19. 扎沙里·阿斯特吕克肖像
    1864 年；布面油画；90cm×116cm
    不来梅美术馆，不来梅

20. 女子与鹦鹉
    1866 年；布面油画；185cm×132cm
    大都会艺术博物馆，纽约

21. 弹钢琴的马奈夫人
    1868 年；布面油画；38cm×46.5cm
    奥赛博物馆，巴黎

22. 埃娃·冈萨雷斯肖像
    1870 年；布面油画；191cm×133cm
    国家美术馆，伦敦

23. 福克斯顿号出港
    1869 年；布面油画；60cm×73.5cm
    费城艺术博物馆，费城

24. 德加：《竞赛马车》
    约 1870—1872 年；布面油画；34cm×54cm
    波士顿美术馆，波士顿

25. 槌球游戏（细节）
    1873 年；布面油画；72cm×106cm
    施泰德艺术馆，法兰克福

26. 阿让特伊段塞纳河岸
    1874 年；布面油画；62cm×103cm
    私人收藏（借予伦敦国家美术馆）

27. 蓝色威尼斯
    1874 年；布面油画；58cm×71.5cm
    谢尔本博物馆，佛蒙特州

28. 李子
    1877 年；布面油画；74cm×49cm
    梅隆收藏，国家美术馆，华盛顿

29. 贝尔纳街
    1878 年；铅笔纸本；19cm×35cm
    布达佩斯美术馆，布达佩斯

30. 温室植物园中的马奈夫人
    1879 年；布面油画；81.5cm×100cm
    国家美术馆，奥斯陆

31. 雷诺阿：《船上午宴》（细节）
    1881 年；布面油画；129.5cm×172.5cm
    菲利普收藏馆，华盛顿

32. 戴黑帽子的女人
    1882 年；粉笔；55.5cm×46cm
    奥赛博物馆，巴黎

33. 克里孟梭肖像
    1879 年；布面油画；94.5cm×74cm
    奥赛博物馆，巴黎

34. 春：让娜
    1881 年；布面油画；73cm×51cm
    私人收藏

35. 《女神游乐厅的酒吧》（彩色图版 46）细节
    1882 年；布面油画；96cm×130cm；
    考陶德艺术学院美术馆，伦敦

彩色图版

1 喝苦艾酒的人

The Absinthe Drinker

1858—1859 年；布面油画；181cm×106cm；新嘉士伯美术馆，哥本哈根

这幅画标志着马奈与托马·库蒂尔关系的终结。库蒂尔否认了马奈自然主义的尝试，1859 年的沙龙评委会也拒绝了这幅作品。安托南·普鲁斯特曾援引马奈的话说："我画的是巴黎风格的画，这是我在巴黎学的，并加入了我从委拉斯凯兹那里学来的简练技法，但是却没有人理解这幅画。要是我把它画成一幅西班牙画，或许倒更容易被理解。"

这幅画的模特是一名叫作科拉尔德（Colardet）的拾荒者，在卢浮宫一带小有名气。马奈将空酒瓶和斟满酒的杯子囊括入画，为的是给观众提供更多关于这个戴着高顶礼帽的人的信息。这也是马奈首次将静物用作象征（还可参见《埃米尔·左拉肖像》，彩色图版 16）。在早期作品中，马奈就已经开始评论由主流人群的时尚观造成的千篇一律的现象。这一时尚风潮起始于 1848 年革命，推崇没有装饰的黑色或深色套装。而之后在诸如《杜伊勒里花园音乐会》（彩色图版 5）等作品中马奈还将故技重演。穿着破斗篷、破裤子的拾荒者简直就是对浪荡子的戏仿；另一方面当时普遍认为长期饮苦艾酒有特殊效果，这幅画也算是个真实的教训。

作品的风格来自杜米埃的作品，而主题则是借自波德莱尔。马奈曾想就这幅画寻求波德莱尔的肯定，但却无功而返。马奈辩解说："承认吧，即使在《喝苦艾酒的人》中我也全然是我自己。"但他却只得到"嗯！嗯！"作为回答。此外，在此之前马奈还临摹过阿德里安·布劳威尔（Adriaen Brouwer）所画的饮酒者，这个人物很明显也狂热爱着苦艾酒。

马奈之后在《老音乐家》（彩色图版 3）中又再一次利用了这个喝苦艾酒的人物形象。

2

街头歌女
The Street Singer

约 1862 年；布面油画；175cm×109cm；波士顿美术馆，波士顿

　　马奈的好友安托南·普鲁斯特曾记述了他二人的一次漫步。他们一起走过巴黎的一个老街区，当时那里正在被拆除，为的是给奥斯曼男爵[1]的马雷戴尔伯街区（Malesherbes quartier）腾出位置。"一个女人从低矮的酒馆里走出来，提着裙子，拿着吉他。马奈径直向她走过去并且让她当模特，而她只是笑了笑。'我会再请求一次的'，马奈说，'要是她不同意我就去找维多琳'。"

　　维多琳·默兰［（Victorine Meurent），或拼作 Meurant］是马奈 19 世纪 60 年代中期最喜爱的模特，曾为《草地上的午餐》（彩色图版6）和《奥林匹亚》（彩色图版7）这类重要作品当过模特。60 年代中期她曾隐秘地去到美国，之后回到巴黎，并在 70 年代早期再次成为马奈的模特，《铁路》（彩色图版 28）中的女子便是这一时期的她。后来她自己也成为了画家。在 1876 年沙龙上她展出了一幅自画像，这一年马奈的作品却落选了。在 1879 年沙龙上，她的作品与马奈的就挂在同一个展厅。

　　马奈在这幅画中描绘出了一名巴黎风格的女子。维克多·富尔内尔[2]在《我们在巴黎街道之所见》（Ce qu'on voit dans les rues de Paris，1858）中称这一人物十分典型，就像一座"对痛苦逆来顺受的雕像"。马奈画中的人物表情疏远而茫然，径直望向观赏者却又丝毫不承认其存在。画面光线明亮刺眼，以致人物的脸部仿佛一副面具，上面扎了两个黑窟窿当作眼睛。猩红的樱桃和黄色的包装纸为整体单调的棕、灰、绿色场景带来了一抹亮色，明亮的光线勾勒出人物的轮廓并使其从背景中凸显出来，这初步显示了日本版画对马奈艺术的影响，当然其中也伴随着他长期钟爱的西班牙艺术的影响。

1　奥斯曼男爵（Baron Haussmann，1809—1891 年），法国城市规划师，拿破仑三世时期的重要官员，主持了 1853 年至 1870 年的巴黎重建。

2　维克多·富尔内尔（Victor Fournel，1829—1894 年），法国学者、作家、记者和历史学家。

3

老音乐家
The Old Musician

约 1862 年；布面油画；188cm×249cm；切斯特·戴尔收藏，国家美术馆，华盛顿

1862 年这幅画完成时，是当时马奈最为雄心勃勃的作品。这幅画汇集了很多影响他早期作品的因素，其中包括一个出自此前的《喝苦艾酒的人》（彩色图版 1）的人物。这幅画在艺术史上的来源已有不少争论。迈克尔·弗里德[1]曾在一篇关于马奈的艺术来源的重要文章[《艺术论坛》（Artforum，1969 年 3 月刊）]中认为路易·勒南[2]的《休息的骑士》（Halte du Cavalier）是这幅画最主要的参考来源；西奥多·里夫[3]则在回应弗里德的文章中（《艺术论坛》，1969 年 9 月刊）认为安托万·勒南[4]的《老风琴手》（Old Piper）更有可能；而阿兰·德·莱里斯（Alain de Leiris）[《艺术公报》（The Art Bulletin），1964 年第 46 期]则指出画中老音乐家的形象部分取自委拉斯凯兹的《饮酒者》（Drinkers），部分取自克律西波斯[5]（马奈知道此人是哲学家）一件希腊时期肖像的罗马复制品，马奈曾在卢浮宫临摹过这件作品。研究者也多有关注画中两个小男孩（图 11）的来源，较小那个男孩与华托[6]的笔下的"小丑吉尔"[7]所穿的衣服类似，这使得马奈笔下的这个人物可能与丑角（Pierrot）等同了。

这幅画确实不同寻常，它经过拼贴数个部分而成，这使得对其艺术来源的研究颇有意义。但是这幅画明亮的色调也暗示了马奈开始越来越多地依赖于直接观察巴黎人群。为标题中的音乐家当模特的是一个叫作盖鲁（Guéroult）的人，马奈在当时一个被称作"小波兰"（Little Poland）的贫民窟找到了他，这个贫民窟离他在居约街（the rue Guyot）的画室不远。

图 11
《老音乐家》（彩色图版 3）细节

约 1862 年；
布面油画；
切斯特·戴尔收藏，国家
美术馆，华盛顿

---

1 迈克尔·弗里德（Michael Fried，1939—今），美国艺术评论家。

2 路易·勒南（Louis le Nain，约 1593—1648 年），法国画家。

3 西奥多·里夫（Theodore Reff，1930—今），美国艺术史家，法国 19 世纪艺术专家。

4 安托万·勒南（Antoine le Nain），与他的弟弟路易·勒南、马修·勒南三人均是画家，史称勒南兄弟。

5 克律西波斯（Chrysippus，约公元前 280—公元前 207 年），斯多噶学派哲学家。

6 华托（Jean-Antoine Watteau，1684—1721 年），法国 18 世纪洛可可绘画大师。

7 此画的名称较不固定，被称为《小丑吉尔》（Gilles）、《丑角》（Pierrot）或者《即兴喜剧》（Commedia Dell'Arte），由华托创作于 1718—1719 年，现藏于卢浮宫。这里的"吉尔"和"皮耶罗"都是人名，但也是小丑和丑角的别称。

4

瓦伦斯的罗拉
Lola de Valence

1862 年；布面油画；123cm x 92cm；奥赛博物馆, 巴黎

　　1862 年坎普鲁维（Camprubi）的舞团在巴黎王妃门（Porte Dauphine）附近的跑马场（Hippodrome）演出。被称作瓦伦斯的罗拉——罗拉·米利亚（Lola Melea）是舞团的首席，也正是这幅画的主角。1863 年马奈曾在马蒂内的画廊举行画展，而当时这幅画就曾展出过。马奈劝说坎普鲁维，让他闲暇时将舞蹈演员带到马奈的好友比利时画家艾尔弗雷德·史蒂文斯的画室，并让她们为他当模特。

　　波德莱尔对坎普鲁维的舞团赞赏有加，而且据说他从未缺席该剧团的演出。波德莱尔写过一首名为《题爱德华·马奈画》的四行诗，就是写给这幅画对应的版画的：

> 放眼望去尽是闭月羞花，
> 欲望踌躇不定，朋友啊我都明白，
> 但是在瓦伦斯的罗拉身上我们看见，
> 红黑色首饰的光芒出乎意料地闪烁。[1]

　　诗人、批评家、业余雕塑家兼音乐家扎沙里·阿斯特吕克（参见图 19）对西班牙事物推崇备至，他甚至为此迁居马德里。阿斯特吕克写了一首歌就叫《瓦伦斯的罗拉》，马奈则以这幅肖像画为原本创作了一幅石版画来作为歌曲的封面。

　　版画与最初的油画一样都背景扁平无纵深，但是马奈后来改动了油画，使得罗拉呈现出处于舞台侧翼正准备上台的样子，只能在画面右侧勉强看见前台和观众。罗拉得意的姿态可能是参考了戈雅，但是从根本上说这幅画还是对于舞者自身的如实记录。

1　Entre tant de beautés que partout on peut voir
Je comprends bien, amis, que le désir balance,
Mais on voit scintiller dans Lola de Valence
Le charme inattendu d'un bijou rose et noir.

5

杜伊勒里花园音乐会
Music in the Tuileries Gardens

1862 年；布面油画；76cm×118cm；国家美术馆，伦敦

图12
库尔贝：《画家的画室》

1855 年；
布面油画；
359cm×598cm；
卢浮宫，巴黎

这幅画传达了马奈的好友夏尔·波德莱尔的"现代生活的英雄主义"这一概念。波德莱尔对这一概念的最初讨论出自他的《1845 年沙龙》（*Salon of 1845*）。他当时就预测会出现一位画家，这位画家"知晓如何从现实生活中萃取出它史诗的一面，用色彩和素描告诉我们打着领带、穿着锃亮皮靴的我们是多么伟大"。次年，波德莱尔形容 1848 年革命后巴黎男子穿的黑衣服是"现代英雄的外壳"。《杜伊勒里花园音乐会》是马奈对现代生活的研究，它呈现出了一群穿着时尚的人在杜伊勒里花园享受一场露天音乐会的场景，而在这幅画中马奈也加了一幅波德莱尔的肖像。

这幅画可以和库尔贝的巨作《画家的画室》（*The Painter's Studio*，图 12）相比较，因为马奈和库尔贝一样都将自己描绘为被朋友与熟人环绕的样子。然而库尔贝果断地将他放在自己画作的中心，马奈却只是出现在画布的左侧边缘。其他可辨认的人物还包括扎沙里·阿斯特吕克（见图 19）、作曲家奥芬巴赫[1]、泰奥菲勒·戈蒂埃、方坦－拉图尔、马奈的好友画家阿尔贝·德·巴勒鲁瓦[2]，以及他的弟弟欧仁·马奈，也就是后来娶了莫里索的那位。

这幅画与《小骑士们》也有关联。这幅画在当时被认为是委拉斯凯兹的作品，作品表现了委拉斯凯兹同时代的一群艺术家，而牟利罗[3]和委拉斯凯兹位于人群的左侧。马奈以一幅 1860 年的蚀刻版画（图 3）为底本临摹了这幅作品。

《杜伊勒里花园音乐会》超越了传统意义上的构图，因为画面的中心部分几乎难以辨识。深入的研究表明疑似欧仁·马奈的站立男子正在与一位坐着的戴面纱女子交谈，而像前景中的伞这种细节也被画家给予了和人物一样的重要性。

1　雅克·奥芬巴赫（Jacques Offenbach，1819—1880 年），德裔法籍作曲家。

2　阿尔贝·德·巴勒鲁瓦（Albert de Balleroy，1828—1872 年），法国画家和版画家。

3　巴托洛梅·埃斯特万·牟利罗（Bartolomé Esteban Murillo，1617—1682 年），西班牙画家。

6 草地上的午餐
The Picnic ('Le Déjeuner sur l'Herbe')

1862—1863 年；布面油画；208cm×264cm；奥赛博物馆, 巴黎

在 1863 年的落选者沙龙上，这幅画受到大多数批评家的大肆攻击。路易·艾蒂安（Louis Etienne) 在《评委会与参展者》(*Le Jury et les exposants*)中的评论就是很有代表性的：

"一个平凡的享乐女子，一丝不挂、不知羞耻地坐在两位衣冠楚楚的浪荡子之间……这是一位年轻人的恶作剧，如此公开的耻辱根本不值得拿来这里展出。"费尔南·德努瓦耶[1]在《1863 年的绘画》(*La Peinture en 1863*)中的评论则更为公正：

> 马奈的三幅画（其他两幅是《穿斗牛士服装的 V 小姐》和《穿马约戏服的年轻男子》）必然完全颠覆了评委会教条式的观点，公众也自然毫不意外地对这幅画感到震惊，它既激怒了艺术爱好者又使得批评家们显得荒诞可笑。你可以认为这幅画邪恶但绝不能认为它庸俗。无疑马奈是毫无偏见的，他将继续在他的漫漫征途上前行，因为他相信自己。无论艺术爱好者们声称马奈的作画方式多么像戈雅或是库蒂尔都无损于此，因为重要的往往是细微的差别。我相信马奈是他自己的大师，这是能给他的最好的称赞了。

这幅画在艺术史上是有所借鉴的，比如乔尔乔内的《乡间音乐会》(*Fête Champêtre*，卢浮宫，巴黎）和马坎托尼奥·拉蒙蒂[2]据拉斐尔的《帕里斯的审判》(*The Judgement of Paris*)所作的版画。但事实上正是这幅画的当代性造成了大众的困惑与愤怒。马奈的好友普鲁斯特声称这幅画原本叫作《沐浴》(*Le Bain*)，最初的灵感来自对阿让特伊的那些沐浴者的观察。普鲁斯特说："马奈曾说，他想重绘乔尔乔内的作品，并'通过使用现实生活中的模特来使它变得更为真实'。"维多琳·默兰、马奈的哥哥古斯塔夫和他未来的内兄费迪南·林霍夫（Ferdinand Leenhoff）最终成了这幅画的模特。也许他们走在人群中，大家正在嘲弄落选者沙龙上的作品，而他们则可能被认出是《草地上的午餐》的模特。

---

1 费尔南·德努瓦耶（Fernand Desnoyers，1826—1869 年），法国作家与艺术批评家。

2 马坎托尼奥·拉蒙蒂（Marcantonio Raimondi，约 1480—约 1534 年），意大利版画家，以根据名画制版画闻名。

7

奥林匹亚
Olympia

1863 年；布面油画；130cm×190cm；奥赛博物馆，巴黎

图13
提香：《乌尔比诺的维纳斯》

约1538 年；
布面油画；
119cm×165cm；
乌菲齐美术馆，佛罗伦萨

《奥林匹亚》在 1865 年的沙龙展出并很快被戏称为"带着猫的维纳斯"。随后几年这幅画在公众里激起的尖酸恨意始终纠缠着马奈，甚至有漫画家用黑猫当作马奈艺术的象征。马奈还是学生时（约 1853 年）曾临摹过提香的《乌尔比诺的维纳斯》（Venus of Urbino，图 13），而且这幅画中的女子也被认为是一名交际花。尽管如此，这两幅画之间的关联却并未被广泛承认，即便有人承认这种对比，也是为了贬损《奥林匹亚》：

> ……一个躺在床上的女人，或者更应该说是一些形状乱七八糟的橡胶吹起来的怪物，就像一只摆姿势取乐的猴子，并且将手无耻地弯卷起来，手臂摆成提香的维纳斯的姿势……[《皮耶罗的记事簿》（Les Tablettes de Pierrot）]

此画的模特是维多琳·默兰和一个叫作洛尔的黑人女孩。这幅画可以算是马奈对"宫女和女奴"题材所做的当代变奏。展出时有人在画框上刻了五行诗，这些诗之后还被展览名册收录在内，因此很容易被误认为是马奈的创作动机。诗句如下：

> 当奥林匹亚厌倦了暖梦终于醒来，
> 她温柔的黑色信使怀抱春天而至；
> 无论是刚过去的缠绵夜晚还是将到来的喜人白昼，
> 都是这黑奴让日子灿烂缤纷：
> 激情在这庄严的女子身上燃烧不灭。[1]

这些诗句出自扎沙里·阿斯特吕克的一首名为《海岛女孩》（La Fille des îles）的长诗，它们使批评家们更加摸不着头脑。

马奈的《奥林匹亚》无疑属于它自身的时代，并与之后法国、意大利和西班牙的裸体画一脉相承。奥林匹亚的目光坚定直接、不可闪避（仿佛在展厅里追逐着观赏者）。当面对和公认的女性裸体绘画概念的差异时，这目光蕴含了一种自信，甚至可以说是骄傲。

1　Quand, lasse de rêver, Olympia s'éveille
Le printemps entre au bras du doux messager noir;
C'est l'esclave, à la nuit amoureuse pareille,
Qui vient fleurir le jour délicieux à voir:
L'auguste jeune fille en qui la flamme veille.

8

奇尔沙治号与阿拉巴马号之战
The Battle of the Kearsarge and the Alabama

1864 年；布面油画；134cm×127cm；约翰·G. 约翰逊收藏，费城

　　1864 年，美国南方联盟的巡洋舰阿拉巴马号（Alabama）为了躲避北方联邦的护卫舰奇尔沙治号（Kearsarge）而停靠在瑟堡港（Cherbourg harbour）。阿拉巴马号舰长萨麦斯最终还是决定越过封锁线。1864 年 6 月 19 日，双方爆发海战。大批人群为了观战而聚集于瑟堡港，甚至有些船只为了看得更清楚而停靠在了这两艘军舰周围。普鲁斯特和塔巴朗声称马奈本人就在其中一条船上，目睹了这一事件，但这一点仍待考证。像在《马克西米利安皇帝的处决》（彩色图版 14）中一样，马奈再次表现了他对描绘当代历史事件的兴趣。

　　这幅画曾在 1872 年的沙龙展出，并受到了著名小说家和批评家朱尔·巴尔贝·道勒维利[1]的称赞，他写道：

> 　　……站在这幅画前，我被深深地打动了，我之前都不曾想过马奈的作品能赋予我如此的情感。这是一种对自然和风景的感觉，简单却有力……这是一幅关于战争和袭击的画作，在构思和创作的过程中，马奈始终怀有一种不安，这不安促使他竭尽全力脱离可怕的传统桎梏，而我们都陷于这桎梏之中。自从创世以来，任何最为自然、独创、画笔所能传达的东西，马奈都表现在了这幅描绘奇尔沙治号和阿拉巴马号的画作中……无论是从构思还是绘制的角度来说，这都是一件十分优秀的作品。尽管这自大而可恨的文化侵蚀了我们所有人，马奈却能成为自然的画家。今天他已经用这幅海景画迎娶了自然本身！他仿佛威尼斯总督般将一枚纯金的戒指扔进了海中。[2]

　　这幅画原本属于出版商乔治·沙尔庞捷[3]的收藏，马奈曾几次为他的妻妹伊莎贝尔·勒莫尼耶（Isabelle Lemonnier）画像。1880 年沙尔庞捷在他的画廊"现代生活"举行了一场名为"爱德华·马奈新作"的展览。

1　朱尔·巴尔贝·道勒维利（Jules Barbey d'Aurevilly，1808—1889 年），法国作家。

2　威尼斯靠海为生，威尼斯曾有总督与海结亲的仪式。

3　乔治·沙尔庞捷（Georges Charpentier，1846—1905 年），法国编辑与出版家。

9

有鳗鱼和红鲣的静物
Still Life with Eel and Red Mullet

1864 年；布面油画；38cm×46cm；奥赛博物馆，巴黎

　　这幅画可能创作于 1864 年夏马奈在布洛涅之时。正如马奈的许多重要作品所表明的，马奈对静物画很有兴趣，这一点在《草地上的午餐》（彩色图版 6）或是《女神游乐厅的酒吧》（彩色图版 46）中都可以看出。此画中这条鳞片闪闪发光的鱼显然被随意扔在案桌上，等待着一旁菜刀的宰割，而刀柄正是朝向观画者的。但进一步研究却表明画面的构图无疑是有意设计的，黑鳗鱼蜿蜒的曲线与银粉色红鲣的坚挺形成对比，菜刀与鳗鱼的头正好平行，而黑色的菜刀又与白色的桌布形成了对比。

　　即使是这样一件尺幅小巧、一挥而就的作品（注意画家寥寥数笔就大致勾勒出了桌布），马奈也是基于敏锐的直接观察，并且对艺术史有所借鉴。此画构图安排简略、所描绘的食物外表诱人、场景布置朴实家常，这些都表明了受到夏尔丹 [1] 的影响，夏尔丹的作品在当时正再兴潮流。而马奈对日本艺术的青睐则是他如此关注日常生活细节的另一个原因。

1　夏尔丹（Jean-Baptiste-Siméon Chardin，1699—1779 年），法国画家，以静物与风俗画闻名。

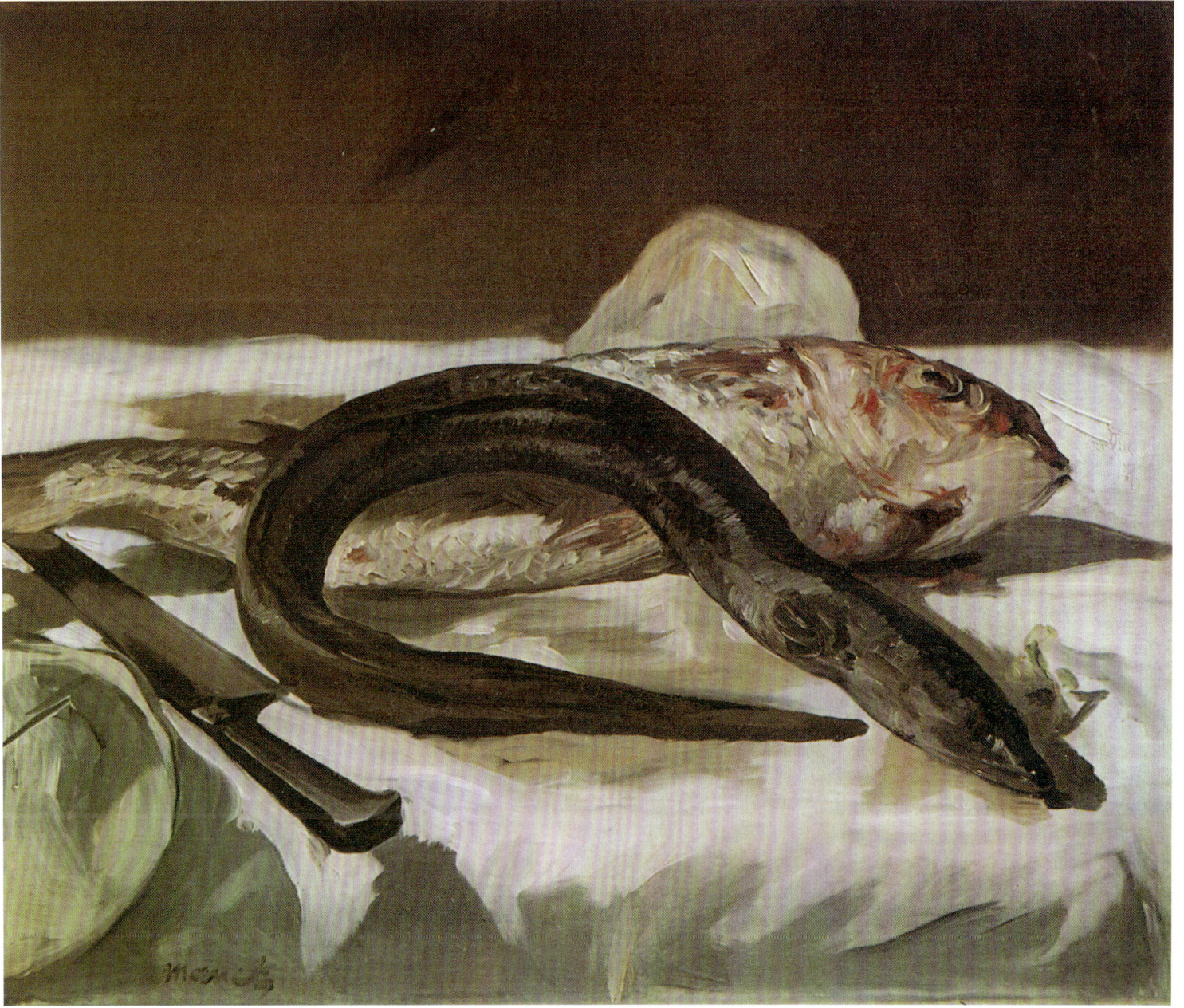

10

瓶中牡丹
Peonies in a Vase

约 1864 年；布面油画；93cm×70cm；奥赛博物馆, 巴黎

1864 年马奈画了好几幅以牡丹为主题的静物（可对比图 14），马奈在热讷维耶（Gennevilliers）的乡间田地里也种了许多牡丹。这里他画的则是中国牡丹，这一品种 6 月开花，于 19 世纪引入欧洲。牡丹是富贵之花，第二王朝时期人们喜欢将其摆放在客厅。牡丹花瓣浑圆且充满了异域特色，这和马奈晚年画的那些形式简单的花卉（见彩色图版 44）形成了鲜明的对比。

牡丹花被放在一个小瓷瓶里，瓶子的形状与花相辅相成。马奈把从右侧花蕾到凋落的花瓣之间的部分正好画成了一个圆圈。并且作品将现实的观察和虚空（vanitas）的概念——生命的脆弱——相结合，这一点与 17 世纪的荷兰静物画如出一辙。

马奈视静物画为乐趣与放松，在 1864 年一年间他共创作了约 20 幅静物画。马奈对风俗画最早的尝试是《牡蛎》（The Plate of Oysters，国家美术馆，华盛顿），创作于这幅画的两年之前。牡丹的主题让马奈有机会研究花卉的缤纷色彩，包括乳白、粉红和深红等，以及花卉与长形的叶在形状上的对比。马奈画中的形状一般都处理得十分简约，背景也往往是纯黑的。

图14
牡丹

1864 年；
布面油画；
31cm×46cm；
奥赛博物馆, 巴黎

11

赛马场的女子
Women at the Races

1864—1865 年；布面油画；41cm×31cm；辛辛那提艺术博物馆

这幅画本是一幅更大的油画的局部，原作可能由马奈创作于1864 年，并在 1865 年之后加上了日期。《隆尚赛马场》（*Racecourse at Longchamp*）的水粉版本（图 15）应该是创作于这幅画之后，并且可以认为是这幅画的再创作。这一局部与巴黎康纳克收藏馆（Cognacq Collection）的另一幅画都分别表现了依栏杆而站的人群的一部分。此画中右侧的人物被从头顶切掉，而左侧的车轮也被从中心周围截断，而右上方的轮子只是隐约可见。

哈里斯（Harris）曾指出（《艺术公报》，1966 年第 48 期）马奈在原作中所采用的视角极不寻常。他将自己置身于跑道的拐弯处，因此赛道上飞驰的马匹仿佛直奔观者而来，而非像通常那般与画布所在的平面平行（如彩色图版 26），随之而产生的运动感也比平常的视角更能传达赛马的气氛与激情。

这幅画中的两名女子描画简练，并无多余的细节，人物全神贯注于比赛之上。跟德加不同的是，马奈的兴趣不在赛马本身，而在于将这样的比赛当作现代生活的一个场景来看待。

这幅画原属于德国印象派画家马克思·利伯曼[1]的收藏。

---

1 马克思·利伯曼（Max Liebermann，1847—1935 年），德国画家与版画家，是德国印象派运动的先锋。

图15

隆尚赛马场

1864 年；
纸本水粉水彩；
22cm×56cm；
格伦维尔·温思罗普遗赠；
福格艺术博物馆，哈佛大学，马萨诸塞州

12

斗牛场景
Bull-Fighting Scene

1865—1866 年；布面油画；90cm×110cm；私人收藏

图16
行礼的斗牛士

1866 年；
布面油画；
171cm×113cm；
大都会艺术博物馆，纽约

马奈于 1865 年 9 月游览了西班牙，并在马德里遇见了泰奥多尔·迪雷（见彩色图版 17）。迪雷回忆说他们一起去看了好几场斗牛，而且"马奈画了速写，这些速写日后会成为他作画的底稿"。马奈在马德里感觉极其不适，迪雷回忆说在他们待了快到十天的时候马奈已经面黄肌瘦了，他只得返身（回巴黎）。

旅行归来之后马奈给扎沙里·阿斯特吕克（见图 19）写信说："我看到了精彩绝伦的斗牛。等回巴黎之后我想把那人潮涌动的样子画下来，当然也不会忘了最激动人心的部分，斗牛士和他骑的马被撞倒在地，被牛角狂戳乱刺，成队的助手（当地人称 chulos）试图将这疯牛拉开。"

马奈就他所描写的场景创作了三幅作品，两幅小而粗略［分别藏于芝加哥艺术博物馆和东京松方收藏馆（Collection Matsukata）］，而这幅尺幅较大的，同真人大小的《行礼的斗牛士》（图 16）一样，都是他返回巴黎的画室之后创作的。

一群人正看着斗牛场上这戏剧性的一幕，这些人被黑色的颜料描画得不甚清楚，马奈把他们用一座高墙与场上正在发生的事件隔离开来。高墙和偷窥的观众在《马克西米利安皇帝的处决》（彩色图版 14）中还会再次出现。马奈显然了解斗牛的仪式功能，这是生与死的演出、受害者与压迫者的斗争，成败转旋即变，一贯高傲的斗牛士在这里变成了受害者。

此画的构图与戈雅的《斗牛》系列 32 号有关。马奈可能在他的朋友菲利普·比尔蒂[1]的收藏里见过这幅画，但是《斗牛场景》中的冷静克制则是戈雅的作品所不具备的。

1　菲利普·比尔蒂（Philippe Burty，1830—1890 年），法国艺术批评家。

13

吹笛少年
The Fifer

1866 年；布面油画；161cm×97cm；奥赛博物馆，巴黎

图 17
委拉斯凯兹：《巴勃罗·德·巴利亚多利德》

约 1632 年；
布面油画；
209cm×123cm；
普拉多博物馆，马德里

埃米尔·左拉承认说马奈创作这幅画是为了学习简化，他高度赞扬了这幅作品（见本书前文），但是他的评论并未得到当年沙龙委员会的认同。1866 年沙龙委员会拒绝了这幅作品，一同落选的还有马奈的另一幅画《悲剧演员》。左拉比较了马奈的画与那些入选的作品，评论道："马奈的作品打破了高墙。"[1]马奈去世一年之后，埃德蒙·巴齐尔[2]写道："这个小顽童被描绘得如此快活，他活泼而欢乐，从黑色的背景中凸显而出，仿佛他要从中走出来一般。"

此画的模特本身就是一位年轻的笛手，是禁卫队（Garde Impériale）的小福神。他两眼之间距离较宽，并且长着逗号般的眉毛，这样的一张脸让人不禁想起维多琳·默兰和莱昂·科尔拉（Léon Koëlla）。人物正面打光，站在那里与灰色的背景区分明显。男孩裤腿上的条纹醒目地勾勒出身体的轮廓并将身体与背景区分开，这里的条纹具有书法性的特征，并且条纹上也没有图案，这显示了日本版画的影响。

马奈说委拉斯凯兹的《巴勃罗·德·巴利亚多利德》（图 17）"可能是有史以来最震撼人心的作品"。马奈尤其欣赏这幅作品中"人物四周空无一物"这一特点。《吹笛少年》也体现这一点，并且实现了西班牙、日本元素与对模特的直接观察的结合。

1　这里应该是指马奈的作品打破了观赏者和画中人物之间的隔绝状态。
2　埃德蒙·巴齐尔（Edmond Bazire，1846—1892 年），法国作家。

14　马克西米利安皇帝的处决

The Execution of the Emperor Maximilian of Mexico

1867—1868 年；布面油画；252cm×305cm；城市艺术馆，曼海姆

图18

戈雅：《1808 年 5 月 3 日》

1814 年；
布面油画；
266cm×345cm；
普拉多博物馆，马德里

1864 年 4 月，拿破仑三世劝说哈布斯堡大公马克西米利安接受墨西哥皇位。而 1867 年 2 月，此事刚过去不到三年，拿破仑三世就撤走了所有驻扎在墨西哥的法国军队，违背了与马克西米利安的盟约，置后者安危于不顾。1867 年 5 月 15 日，贝尼多·胡亚雷斯[1] 的解放游击队抓住了马克西米利安和他的两位将军米格尔·米拉蒙（Miguel Miramon）与托马斯·梅希亚（Tomás Mejía），并在 6 月 19 日将他们于克雷塔罗（Querétaro）附近处决。而马奈在这幅画上签署的时间也正是这一天。

7月上旬《费加罗报》（Le Figaro）就发表了一篇声明，这篇声明可能为马奈提供了足够的信息让他开始此画第一版的创作，这一版目前藏于波士顿美术馆。在声明中受害者的衣着有所提及，但是关于士兵的军服却缺乏细节。马奈整幅画的结构是以戈雅的《1808 年 5 月 3 日》（3 May 1808，图 18）为基础的。画家将处决场景安排在室外昏暗的环境下，受害者位于左侧，处决者位于右侧。之后毕加索在《朝鲜大屠杀》（Massacre in Korea，1951 年）中也采用了类似的构图。马奈的画作在情感色彩上与戈雅差别很大，作品显得更为克制且不那么夸张。

大概是在 1867 年 9 月下旬马奈开始创作此画的第二版，这一版的四块残片现藏于伦敦国家美术馆（见彩色图版 15）。之后马奈又创作了尺幅较小的一版（50cm×60cm），现藏于哥本哈根新嘉士伯美术馆。而藏于曼海姆的这幅是最终版本。在这幅画中处决被安排在一座高墙之前，墙头一群围观者正在观望，仿佛这是一场斗牛一般（见彩色图版 12）。士兵们的制服则很像法国士兵。马克西米利安被安排在三名受害者的中间位置。马奈知道这与事实不符，但是这却暗示了处决皇帝与钉耶稣上十字架之间的相似。

当时这幅画被认为极具政治煽动性，因而不得在法国展出，它第一次展出是 1879 年在纽约的一家旅馆里。

1　贝尼多·胡亚雷斯（Benito Juárez，1806—1872 年），墨西哥民族英雄，于 1858—1872 年任墨西哥总统。

15

士兵（《马克西米利安皇帝的处决》局部）
Soldier
(fragment of 'The Execution of Maximilian')

1867—1868 年；布面油画；99cm×59cm；国家美术馆，伦敦

　　这幅画是《马克西米利安皇帝的处决》（彩色图版 14）的第二版残存的四块残片之一，其他三块残片则描绘了执刑队、米拉蒙将军的头和部分身体。

　　1883 年马奈去世后不久洛沙尔[1]可能在其工作室拍了一幅照片，表明此画的原作描绘了处决马克西米利安皇帝和梅希亚将军的场景。安布鲁瓦兹·沃拉尔[2]声称马奈的内兄费迪南·林霍夫将马克西米利安皇帝头部的部分拿去生火了。士兵的这块残片可能是第一块被切割下来拿去出售的，之后德加从艺术商人波尔捷（Portier）那里购得。后来德加又从沃拉尔那里得到了其他的残片，并将它们粘贴到了一起。

　　这一版处决（四版中的第二版）可能原本是马奈作品中尺幅极大的一幅，大约有 270cm×300cm。马奈在放弃了波士顿版本之后就开始了这一版的创作，时间大概是 1867 年夏末。为了这一版的创作，马奈使用了法国士兵来为执刑队当模特。迪雷说勒若纳（Lejosne）少校从附近军营里带来了士兵为马奈当模特。此时马奈已经从 8 月《费加罗报》的描述中了解到马克西米利安的士兵的制服与法国军装相似，但是他将执刑队与法国士兵相等同的行为可能被阐释为对拿破仑三世在马克西米利安被俘一事中所作所为的指责。

　　有趣之处在于这幅画可以为了解马奈的创作方法带来一点启示，《马克西米利安皇帝的处决》的石版画的摹本被用作了他的另一幅画《街垒》（图 2）的底稿，后者是对他目睹的事件的描绘。

1　费尔南·洛沙尔（Fernand Lochard），法国摄影家，生卒年不详，以对马奈作品的记录闻名。

2　安布鲁瓦兹·沃拉尔（Ambroise Vollard，1866—1939 年），法国艺术经销商、编辑和作家。

16

埃米尔·左拉肖像
Portrait of Emile Zola

1867—1868 年；布面油画；146cm×114cm；奥赛博物馆；巴黎

图19
**扎沙里·阿斯特吕克
肖像**

1864 年；
布面油画；
90cm×116cm；
不来梅美术馆，不来梅

1866 年 2 月画家安托南·吉耶梅（Antonin Guillemet）把马奈介绍给左拉。三个月后左拉为马奈的作品写了一篇激情洋溢的辩护文章［载于《事件》（L'Evénement），1866 年 5 月刊］，并在之后将其扩展为一篇更长的文章［载于《19 世纪期刊》（Revue du XIXe Siècle），1867 年 1 月刊］。马奈创作了这幅肖像以示感激，这幅画曾在 1868 年沙龙展出。

画中左拉坐在书桌前，桌子上放着一份关于马奈的小册子。这本小册子的标题也正是马奈的签名，这一点和《扎沙里·阿斯特吕克肖像》（图 19）相同。桌子后面的墙上挂着一幅根据委拉斯凯兹的《饮酒者》创作的石版画，作者可能是塞莱斯坦·南特伊[1]；一旁还有歌川国明二代[2]的日本版画《阿州大鸣门滩左卫门》（The Wrestler Onaruto Nadaeman of Awa province）和《奥林匹亚》（彩色图版 7）的蚀刻铜版画。左拉身后是一座尾形光琳[3]风格的日式屏风。在十九世纪四五十年代的日本木版画中这种"画中画"的策略十分常见，而被嵌套的部分通常是一幅油画。

西奥多·里夫注意到［《伯灵顿杂志》（Burlington Magazine），1975 年 1 月刊］，奥林匹亚、相扑手和酒神巴库斯（委拉斯凯兹作品中的）这些差异巨大的人物一致看向左拉，左拉却没有回应他们的目光。这些围绕在左拉周围的人物本该是表现左拉特点的象征，但是它们的重要地位却使人更愿意相信它们表明了马奈自身而非左拉的兴趣。奥迪隆·雷东[4]在他的沙龙批评［《吉伦特派》（La Gironde），1868 年 6 月 9 日］中精辟地指出："可以这么说，与其说这是一幅人像，不如说是一幅静物画。"

当马奈将这幅画送给左拉之后，左拉也不是十分满意，于斯曼[5]注意到左拉只是把它挂在前厅里。

---

1 塞莱斯坦·南特伊（Célestin Nanteuil，1813—1873 年），法国画家、版画家和插画家。

2 歌川国明二代（Utagawa Kuniaki II，1835—1888 年），日本浮世绘画家，尤其以画摔跤选手和演员闻名。

3 尾形光琳（Ogata Kōrin，1658—1716 年），日本琳派画家。

4 奥迪隆·雷东（Odilon Redon，1840—1916 年），法国象征主义画派的主要画家之一。

5 于斯曼（Joris-Karl Huysmans，1848—1907 年），法国作家和艺术批评家。

17

泰奥多尔·迪雷肖像
Portrait of Théodore Duret

1868 年；布面油画；43cm×35cm；小皇宫博物馆，巴黎

1865 年夏末马奈与迪雷在马德里相遇，后者当时还是商人，后来成为了记者和批评家。迪雷在他为马奈所写的传记中回忆了二人一起探索马德里的经历：

> 我们自然是每天都要去普拉多博物馆的，并且要在委拉斯凯兹的作品前驻足长停。当时的马德里仍然保留了它古雅的外貌，在城市中心的塞尔维亚街（Calle de Seville）上仍有许多老房子里的咖啡馆。在这里人们可以约会，也可以一起去看斗牛。我们也一起去看过几次斗牛……我们也去了托莱多，去看了那里的大教堂和格列柯[1]的作品。

1867 年迪雷出版了《1867 年的法国画家》（*Les Peintres français en 1867*），并在其中讨论了马奈的作品。随后马奈创作了这幅肖像画以示感激。但是当马奈将其送给迪雷时后者却回赠了一瓶干邑，并要求马奈要么去掉明亮处的签名，要么签在暗处看不见的地方。马奈的回应则是把签名上下颠倒了过来，并使迪雷的手杖正好指向签名。颠倒签名事实上使其更加显眼，因为观众在看画中的迪雷之前就会情不自禁地想要弄清签名的内容。

画中的静物仿佛是马奈之后加上去的。毛勒尔[2]［见《马奈：画家与哲学家》（*Manet, Peintre-Philosophe*），1975 年］指出画中的那本书明显是被扔在地上的，而且这就是迪雷那本讨论法国画家的著作，马奈这么做是因为迪雷对他的评论显得有些犹豫不决并且有所保留。

被 1868 年沙龙接受的真人尺寸的《女子与鹦鹉》（*Woman with a Parrot*，图 20）与这幅小肖像的静物部分很相似，都含有玻璃杯和柠檬，并且二者的背景都难以辨认，借此将人物的轮廓凸显出来。

---

1 埃尔·格列柯（El Greco，1541—1614 年），西班牙画家。
2 毛勒尔（George L. Mauner，1931—2004 年），美国艺术史家，擅长 19 世纪法国与瑞士艺术史。

18

阳台
The Balcony

1868 年；布面油画；170cm×125cm；奥赛博物馆，巴黎

这幅画曾在 1869 年沙龙展出，当时的评论倾向认为这是对"现代生活"的描绘，因而忽视了它与戈雅的《阳台上的少女》(*Majas on a Balcony*)[1] 之间的联系。马奈画过莫里索好几次（比如彩色图版 22 与 25），这次莫里索也出现在画中，就坐在前景里；在她一旁的是小提琴家范妮·克洛（Fanny Claus）。两名女子身后是画家安托南·吉耶梅，他在这一年的沙龙里展出了《塞纳河畔的村庄》(*Village on the Banks of the Seine*)；而背景中的则是端着咖啡的莱昂·科尔拉。

莫里索是通过方坦－拉图尔与马奈相识的，随后两家人都变成了好友。马奈夫人给她女儿埃德玛（Edma）写信说：

> 明天我们要去看马奈的那幅画。安托南（吉耶梅）说马奈让他白摆了 15 次姿势，克洛小姐也是怨声载道。但是尽管两人摆姿势脚都累酸了，之后却对马奈说："完美——再也没什么可修改的了。"

画面中人物的正面打光，姿态定格于一瞬间，人物之间毫不混淆，对观赏者而言画中人物也十分显眼。马奈利用铁栏杆和百叶窗来压缩阳台的深度以及阳台上的空间，并且强调绘画表面的二维性。如此马奈便创造出了画面张力，并且就绘画的可能空间与画外现实世界的空间的关系提出了疑问，这样的疑问在马奈的晚期作品中不断出现，并在《女神游乐厅的酒吧》（彩色图版 46）中达到了顶峰。

1　又译作《阳台上的玛哈》。

19

画室里的午餐
Luncheon in the Studio

1868 年；布面油画；120cm×153cm；（现代绘画馆），巴伐利亚
国家绘画收藏馆，慕尼黑

图 20
女子与鹦鹉

1866 年；
布面油画；
185cm×132cm；
大都会艺术博物馆，纽约

马奈于 1868 年夏在布洛涅开始创作这幅画，当时他们一家人还
在那里租了一套房子。这幅画原有一幅油画草图，现已佚失，据说草
图中的男子模特就是莫奈。后来此画在马奈巴黎的画室中才得以完成，
并在 1869 年沙龙展出。右侧的男子被认为是画家奥古斯丁·鲁斯兰
（Auguste Rousselin），马奈早年在库蒂尔的画室结识了此人。而画面
中心的人物则是莱昂·科尔拉。

布拉德福德·R. 柯林斯（Bradford R. Collins）认为这幅画可以看
作是对 1867 年去世的波德莱尔的致敬［《艺术周刊》（*Art Journal*），
1978/9 年冬］。波德莱尔曾写道："浪荡子之美与众不同的特征尤其
在于冷漠的气质……"而画中莱昂·科尔拉高傲的气质正好符合浪荡
子的要求。莱昂·科尔拉身后有两组不甚清晰的静物，二者截然不同，
分别对应与其相对而非相邻的人物。左侧静物是头盔、火枪和剑，这
些物品都与第二帝国时期的浪漫主义以及马奈的过去相联系。（库尔
贝在《画家的画室》中曾用一把匕首来代表自己早先的浪漫主义时
期。）而右侧抽烟的男子正是浪漫主义的典型。

波德莱尔曾说马奈从出生就被打着浪漫主义的标记。然而马奈在
他的过往和对现在新事物的兴趣间找到了平衡，画面右侧自然主义的
静物，无论是布置还是描绘的方式都让人想起夏尔丹，而拿着咖啡壶
的女仆也是夏尔丹式的人物。

这些物品的组合似乎暗示着某种含义。剑在其他画像中也与莱
昂·科尔拉有所关联，是男子气概的象征，但是在日本文化中剑也被
当作武士（对应现代欧洲的英雄：浪荡子）的灵魂。而一旁蜷曲的黑
猫自从《奥林匹亚》（彩色图版 7）之后就被漫画家用作马奈的标志，
也被看作阴茎的象征。剥开的柠檬在马奈其他作品中（例如《女子与
鹦鹉》，图 20）也出现过，是虚空的象征，这在 17 世纪的荷兰绘画
中经常使用。

20

布洛涅海滩
Beach at Boulogne-sur-Mer

1869 年；布面油画；33cm×65cm；保罗·梅隆先生和夫人收藏，阿珀维尔，弗吉尼亚州

　　虽然塔巴朗声称马奈是在露天环境中描画这一海滩景象的，但是多幅素描草图的存在却表明事实并非如此。尽管这样，这幅画仍然标志着马奈创作生涯中一个时期的开始。这一时期马奈与印象派画家的关系变得密切，其创作的高峰是 1874 年夏季，马奈在阿让特伊和热讷维耶绘制了一系列作品，而这些画通常是在莫奈的陪伴下创作的（见彩色图版 29、30、31 和图 26）。

　　这幅画将不同的元素组合在一起，把人物安排在沙滩、海面和天空三条水平带之前。画家给予了所有单个的人或人群同样的重要性，如此的代价便是牺牲了统一的整体构图，而且不同人群之间的关系往往显得很奇怪。在这一时期的小说中，给予所有方面同样比重的倾向也同样存在。以福楼拜的《情感教育》（Sentimental Education，出版于 1869 年，正是这幅画创作的时间）为例，无论是小细节还是更为重大的事件都被同样认真地对待，这被认为是现实主义小说的重要特点。马奈的构图与当时文学的这一特点可以相类比，马奈在文学圈的地位在其同侪中无人可比肩，因此我们无疑可以推测，他对当时小说家的目的和动机自然也是了然于胸的。

　　此画的每一幅素描草图都记录了一次完整的视觉经验，而如阿兰·德·莱里斯所言，最终的作品则是艺术家对这些视觉感知拼凑的结果［《美术公报》（Gazette des Beaux-Arts），1961 年 1 月刊］。

21

阅读
The Reading

1869 年；布面油画；61cm×74cm；奥赛博物馆, 巴黎

图 21
弹钢琴的马奈夫人

1868 年；
布面油画；
38cm×46.5cm；
奥赛博物馆, 巴黎

马奈夫人原名苏珊·林霍夫，在这幅画中莱昂·科尔拉正在念书给她听。马奈夫人是荷兰人，比马奈年长两岁，是一名出色的音乐家（图 21 就描绘了她弹钢琴的样子）。马奈的父亲曾雇佣她来给马奈和欧仁上钢琴课，那时他们还住在小奥古斯丁街的家中。马奈的父亲去世之后，两人之间这段持续了十多年的感情终于修成正果，他们于 1863 年在荷兰结婚。莱昂·科尔拉是苏珊的儿子，生于 1852 年。几乎可以肯定他的生父就是马奈，但是他却被扮演成苏珊的弟弟。

1863 年时保罗·曼茨曾形容惠斯勒的《白衣女子》（*The White Girl*，国家美术馆，华盛顿）为"白色交响曲"，这幅画也可以这么说。苏珊身着白色长裙，坐在白色沙发上，身后是白色的窗帘，颈间的黑项链和腰间的黑腰带与整幅画的白色相映成趣。而背景中的黑色区域凸显出了莱昂头部的轮廓，也具有色彩对比的效果。莱昂的身体被画面右侧边缘整个截断，只能看见其左小臂与双手。而画面左侧的盆栽也同样被截断了。

色调绘画（tonal painting）[1]的传统在法国艺术中早已存在，让-巴蒂斯特·奥德瑞[2]的作品就是例证。在马奈对新与旧平衡的不断寻求中，他采用了这一传统来表现当代生活的一景。

---

1 色调绘画或色调主义（Tonalism）指画家作画时（通常是风景），主要以一种色调来营造画面气氛的流派。

2 让-巴蒂斯特·奥德瑞（Jean-Baptiste Oudry, 1686—1755 年），法国画家与版画家。

22

休憩（贝尔特·莫里索）
Repose (Berthe Morisot)

1869 — 1870 年；布面油画；148cm×111cm；罗德岛设计学院，艺术博物馆，普罗维登斯，罗得岛州

图 22
埃娃·冈萨雷斯肖像

1870 年；
布面油画；
191cm×133cm；
国家美术馆，伦敦

在这幅画中，贝尔特·莫里索正斜倚在马奈画室里紫红色的沙发上，身后的墙上有一幅日本三联画。这幅画曾在 1873 的沙龙上展出，但是莫里索的母亲认为这姿势对于正派人家的女儿来说并不合适，因此沙龙的展览名录并没有指出莫里索的姓名。安妮·科芬·汉森[1]认为"'休憩'或是'休息'这样的标题并没有什么寓意，尽管其他艺术家使用它时确有所指"。[《马奈与现代传统》（*Manet and the Modern Tradition*），1977]这一观点值得质疑。莫里索的一条腿压在身体下，另一条腿则直伸出来，这一姿态极其放松而不正式。人物脸部描画柔和，笔触有些模糊，这与莫里索在《阳台》（彩色图版 18）中的肖像对比明显。泰奥多尔·德·邦维尔[2]称这幅画为"迷人的肖像，它引人注目，并以其强烈的现代性特征迫使观者展开想象"。

马奈画这幅画的同时也在创作《埃娃·冈萨雷斯肖像》（*Portrait of Eva Gonzalès*，图 22），这导致了莫里索略带愠怒的评论：

> 我们周四傍晚在马奈家……眼下他所有的赞美都集中在冈萨雷斯小姐身上，但是她的肖像并没有什么进展；他说她已经是第四十次摆姿势了，但这次他还是把头部擦掉了。他是第一个嘲笑这画的……

过了一段时间莫里索写道："我大受赞扬，这让我喜出望外，似乎我确实比埃娃·冈萨雷斯做得要好。"

1　安妮·科芬·汉森（Anne Coffin Hanson，1921—2004 年），美国艺术史家。
2　泰奥多尔·德·邦维尔（Théodore de Banville，1823—1891 年），法国诗人与作家。

23

波尔多港
The Harbour at Bordeaux

1871年；布面油画；65cm×100cm；布尔勒收藏展览馆，苏黎世

图 23

福克斯顿号出港

1869 年；
布面油画；
60cm×73.5cm；
费城艺术博物馆，费城

1871 年 2 月马奈离开巴黎前往法国西南部的奥洛龙与家人相聚，当时正值普法战争，马奈的家人就在此地的朋友家避难。当时马奈备感沮丧，加之身体不适，在动身之前他向苏珊简短地写信说："之前我们快要饿死了，即使现在也十分煎熬，我们都瘦得跟小木棍似的。疲劳过度，加之糟糕的食物，我最近几天也感到很不舒服。"

在和家人待了几天之后，马奈决定在大西洋沿岸的阿卡雄找所房子住几个月，这一方面是考虑到他们已经接受了太多朋友的帮助，另一方面则是因为他不想回到法国。马奈前往波尔多做最后的安排，并在加仑河市区段的河岸（Quai des Chartrons）一家咖啡馆的二楼画下了港口的景象，背景中还能看见圣安德烈大教堂。

马奈描绘了港口林立的桅杆，笔法粗略，并无多少细节，直立的桅杆与教堂的双塔相呼应。马奈对于所描绘的活动向来有一种疏离感，在这幅画中这种疏离感则体现为所有的人物都背对观者。这幅画与两年前创作的《福克斯顿号出港》（*The Departure of the Folkestone Boat*，图 23）十分不同，后者所描绘的码头上穿着时尚的人群是画作真实的主题，而此画中的人物只是为了让观者对停靠的船有一个直观的尺寸感，并且将观者的目光引向船。普鲁斯特曾回忆说："甘必大对这幅画着了迷，这画让他想起了国民防卫的最后几天。马奈本想将这幅画当作礼物送给甘必大，后者拒绝说：'谢了我的朋友，但是我买不起这画，而我也不能把它当礼物收下来。'"

24

裸女
Nude

约 1872 年；布面油画；60cm×49cm；奥赛博物馆, 巴黎

　　自从《奥林匹亚》(彩色图版 7) 之后马奈就不曾再画过裸女，直到 1872 年这位黑发女子坐在了他圣彼得堡街的画室里，女子的身份未知。稀薄、甚至是用得有些潦草的颜料表明这是一幅一挥而就的作品，模特甚至可能仅仅摆了一次姿势。这一点与马奈的其他许多肖像画不一样，马奈通常对模特提很多要求，模特也需要多次摆姿势。

　　模特面部颜色偏黑，甚至有些西班牙式的特点，这些特点通过其颈间的黑色丝带和宝石得到了进一步的强调。模特轻拥一条黑纱，将其肩膀与胸部的轮廓勾勒了出来。模特真正吸引马奈的似乎是她沉思的表情而非其身体，模特的身体几乎被描绘成了扁平的色块，甚至连胸部的阴影都是敷衍地用灰色的半圆形笔触画出的。马奈在许多地方与雷诺阿不同，比如马奈无意于在他的作品中表现肉体的性感。相比于画一个传统意义上的美女，马奈更乐意画一位让人过目不忘的女子。

　　画面深灰色的背景与《休憩》(彩色图版 22) 相似，画面左侧随意的猩红色痕迹表明作品并未完成。

25

贝尔特·莫里索

Berthe Morisot

1872 年；布面油画；55cm×38cm；私人收藏

　　莫里索从马德里归来不久马奈就为她画了这幅肖像。在马德里的时候，莫里索在马奈的介绍下结识了扎沙里·阿斯特吕克（图 19）。她给她母亲写信说道："我终于找到了英俊的阿斯特吕克。他对这里很熟，并且随时愿意陪同我们参观，和他在一起我们会过得很开心的。他讲法语，这一点很好，而且他是个非同凡响的人。我只想努力多看些画，除此之外别无所思。"

　　莫里索的黑衣服与精美的高顶帽使她看起来有些像戈雅笔下的人物，而她脸部两侧的黑色则营造出了二维的平面效果，这种将图形平面化的技法属于日本传统，但是画中莫里索的脸本身却使这些技法上的借鉴显得不值一提。莫里索径直望着观者，眼神率直，还带着点欢乐。人物的头部被一圈扁平的黑色区域所环绕，这圈黑色与明亮的单色背景形成了对比。这幅肖像的光线来自侧面，这样的光线产生了强烈的明暗对比和立体感，这在马奈的肖像画中并不常见，一般来说他更常使用正面光线。

　　马奈十分欣赏莫里索的作品，并且与她保持着一种亲密的友谊，尽管也伴随着一些不合。莫里索和马奈的弟弟欧仁的婚姻在这一时期被提上了日程。莫里索的母亲对这场婚姻并无多少兴趣，毕竟欧仁可以算是"半疯"（three-quarters mad）了，但最终她还是同意"做点牺牲让莫里索嫁出去也比待在家中什么都不是要强……"，莫里索动了心，并在 1874 年 12 月嫁给了欧仁·马奈。

26

布洛涅森林赛马场
Racecourse in the Bois de Boulogne

1872 年；布面油画；73cm×92cm；私人收藏

这幅画的委托人是运动员兼艺术爱好者巴雷特先生（Monsieur Barret）。但是马奈收到委托后迟迟没有动笔，直到 1872 年夏季他在荷兰拜访了岳父母并返回巴黎后才开始这幅画的创作。马奈如约在 10 月 21 日完成此画，次日他便收到了 3000 法郎的画款。

尽管马奈参观过这一赛马场并画了不少草稿（现藏于巴黎卢浮宫素描室），但是最终作画时他却选择了借用英国体育印刷品中飞奔骏马的形象，这些印刷品就收藏在他的画室。他跟莫里索说："我并不习惯于画马，因此我借用了那些画得最好的人的成果。"但是借用的结果却是马与画中观众的关系显得有些不协调，画面缺乏之前《隆尚赛马场》（图 15）中的那种运动感。作品展现了一种复合视角（composite vision），这一点和《布洛涅海滩》（彩色图版 20）相似。很有可能画中的一些人物是来自当时的一些插图杂志和出版物，尤其是领头马头部后面那对夫妇，汉森就表明马奈曾利用过《法国人像》（*Les Français peints par eux-mêmes*）这本书（见《博物馆研究》，芝加哥艺术博物馆，1969 年第 3 期）。

在画面右下角可以看见德加的肖像，这可以当作是马奈对其好友的致意之举，毕竟德加是画赛马和赛马场的大师（图 24）。

图 24
德加：《竞赛马车》

约 1870 — 1872 年；
布面油画；
34cm×54cm；
波士顿美术馆，波士顿

27

戴头巾的玛格丽特·德·孔夫兰
Marguerite de Conflans Wearing a Hood

约 1873 年；布面油画；56cm×46cm；奥斯卡·赖因哈特博物馆
雷马赫尔兹邸收藏馆，温特图尔

玛格丽特·德·孔夫兰（Marguerite de Conflans）家与马奈家关系亲密，马奈夫人经常邀请她来参加音乐聚会。玛格丽特的面容十分吸引马奈，马奈为她画了好几次肖像。在其中一幅（现藏于马萨诸塞州北安普敦史密斯学院）中，玛格丽特的姿势与此画中的十分相似，她的头靠在右手上，眼睛径直望着观赏者。在所有这些肖像中她都穿着浅色布料的舞会礼服，而在此画中她则是戴着透明材质的白色头巾。她的容貌很吸引人，但却不是传统意义上的漂亮。她有着浓眉黑眼，外加一头黑色的长发。

19 世纪 60 年代以后马奈的许多模特都来自大资产阶级，玛格丽特也是如此。这就使得马奈必须登门为她画像，因为高贵人家的姑娘不能独自去艺术家的画室（此处对莫里索多有冒犯，见彩色图版 22）。马奈将模特安排在纯黑的背景前，强调她的眉眼，而并不在意环境中的具体细节。

画中颜料涂抹草草，为了整体的效果马奈牺牲了细节，同时期的《槌球游戏》（*Game of Croquet*，图 25）也是如此。这种手法很有印象派的特点，但是马奈并没有注重在莫奈和雷诺阿作品中体现出的那种光影和色彩效果。这幅画完成之后又曾在某个时间修改过。

图 25
槌球游戏（细节）

1873 年；
布面油画；
72cm×106cm；
施泰德艺术馆，法兰克福

28

铁路
The Railway

1873 年；布面油画；93cm×114cm；H.O. 海维梅尔遗赠，国家美术馆，华盛顿

这幅画曾入选 1874 年沙龙。画作在很大程度上创作于室外，而且在马奈当时的同类作品中是尺幅最大的。在圣拉扎尔车站（Gare St Lazare）外有一座名为欧洲桥（Pont de l'Europe）的铁路桥，马奈在圣彼得堡街的画室离这座桥非常近，近到法尔瓦克（Fervacques）在 1873 年 12 月可以这样写道（《费加罗报》）："……空气中充满了旋转的白色烟柱。火车呼啸而过，地面在人的脚下不停颤动，就像在船的甲板上一样。"

画面的背景展示了充满烟雾的空气，上面提及的欧洲桥就在画面右侧，一道铁栅栏将前景中的人物和铁路区分开来。作品的模特是刚从美国回来的维多琳·默兰和画家阿方斯·赫希[1]的女儿，而且画面的这一部分正是在赫希家的花园画的。

画中原本在看书的维多琳·默兰抬起了头，但是面无表情。无论是从物理还是心理的角度来说，她和身后背对观众的小女孩都是互相分离的。铁栅栏压缩了画面空间，将人物推向前景，在这种情况下若不是默兰冷漠的目光使人惊醒，观赏者真的会以为画中人物仿佛要侵入真实空间似的。

这幅画展出后可谓恶评不断，但是诗人马拉美（彩色图版 33）却给出了友好的评价。而马奈去世的次年雅克·德·比耶[2]甚至写道："……你把这幅画（《铁路》）印在了脑海里。你问我说：'在这幅表现铁路的画中恶魔在哪儿呢？他究竟在哪儿？我的天啊！那儿，就在现代的灰色烟柱升起的地方。确实看不见火车头，也看不见火车。但是对我而言烟就够了，因为它代表了火，而火则是这机器的灵魂，而这机器……是我们这个时代的智力、光荣和财富。对后人来说，19 世纪的象征就是这么一个火车头。'"

---

1 阿方斯·赫希（Alphonse Hirsch，1843—1884 年），法国画家。

2 雅克·德·比耶（Jacques de Biez，1852—1915 年），法国新闻记者、历史学家和艺术批评家。

29

在船上写生的莫奈
Claude Monet Painting on his Studio Boat

1874 年；布面油画；80cm×98cm；（现代绘画馆），巴伐利亚国家绘画收藏馆，慕尼黑

　　莫奈大约是在 1873 年获得了这条可用作画室的船，之后便乘着船在塞纳河上上下下寻找新的绘画主题。1874 年时马奈描绘了在船上作画的莫奈，他的夫人卡蜜尔（Camille）就坐在一旁，而背景则是塞纳河的阿让特伊一岸，莫奈正在创作的画可能就是《阿让特伊的红船》（*The Red Boats, Argenteuil*，卢浮宫网球场现代美术馆[1]，巴黎）。

　　马奈与莫奈经常一起在阿让特伊作画（马奈在对岸的热讷维耶有一间周末别墅），而与莫奈的接触让他对室外作画的看法有了改观，与此同时他的作品色调也变得明亮起来（见图 26）。这幅画的有些部分是用短小的笔触画出的，色彩上也采用了互补色的并置，这很像是莫奈的技术，这些特点在画面左下角尤其明显。然而作品的其他部分则看不出传达光感的意图，与此相反这些部分仿佛是一些平面的色彩区，是大块大块色彩的排列而非细致的描绘，这些特点在红色的船篷、岸边的绿树以及黄蓝相间的船上体现得最明显。在地平线处可以看见小工厂的烟囱冒着烟，这些事物很自然就被马奈当作了正在变化的风景的一部分，并且和船的桅杆一样得到了强调。

　　虽然马奈经常与莫里索、德加，尤其是莫奈等印象派成员为伍，而且也被印象派画家当作领导者，但事实上他并无意加入这一群体，因为他相信"沙龙才是真正的战场"。批评家喜欢将马奈与莫奈混为一谈，这会激怒马奈自然也就是情理之中的事了。

1　网球场现代美术馆在 1991 年之前附属于卢浮宫，目前已经是独立机构。此书最初出版于 1982 年，写作时间则更早，故有此说。此处遵循了作者原文。

30

阿让特伊
Argenteuil

1874 年；布面油画；149cm×131cm；美术博物馆, 图尔奈

这幅画曾在 1875 年沙龙展出，而且是当年马奈提交的唯一一件作品。此画展出后无疑招来了如潮的讥讽与愤慨，讽刺漫画家斯托普（Stop）在他的漫画中加入了这样的对话［载于《趣报》（*Le Journal Amusant*）］：

"我的天，这是啥？"

"那是马奈和他夫人。"

"他们在干什么？"

"我觉得他们在船上。"

"那这面蓝墙呢？"

"那是塞纳河。"

"你确定？"

"呃，我也是听说的。"

沙龙结束的那天卡姆（Cham）画了一幅马奈作品中的两个人从画框走出来的漫画，并且评论说："马奈的两名划船手似乎挺乐意离开，因为人们已经当面羞辱他们差不多两个月了。"［载于《逗乐》（*Charivari*）］

这些讽刺的评论都强调了马奈这幅画最显著的特点之一。画中人物十分靠近成像面，画家也使用了不同的策略来连接前景和背景的部分，总体来说就是强调了画面的二维性，这一点与《铁路》如出一辙。举例来说，画面左侧的桅杆将不同景深的区域连接到了同一空间平面上，而位于对角线上的船首斜桅也连接了横跨蓝色水域的前景和背景。

身穿条纹裙并戴着黑色草帽的年轻女子带有一种超然独立之感，一旁的水手身体倾向她，女子却视而不见，这是马奈许多女性肖像画的共同特点（见彩色图版 39），画中男子模特可能是马奈的内兄鲁道夫·林霍夫。

31

划船
Boating

1874 年；布面油画；96cm×130cm；H.O. 海维梅尔夫人收藏，大都会艺术博物馆，纽约

图 26

阿让特伊段塞纳河岸

1874 年；
布面油画；
62cm×103cm；
私人收藏（借予伦敦国家美术馆）

这幅画于 1874 年夏创作于热讷维耶，却直到 1879 年才在沙龙展出，当时与这幅画一起提交的还有《温室植物园》（彩色图版 39）。画中男子与《阿让特伊》（彩色图版 30）中的男子出自同一位模特，很有可能就是鲁道夫·林霍夫，尽管布兰奇[1]认为模特是莫泊桑（Guy de Maupassant）的密友巴尔比耶男爵（Baron Barbier）。画中女子可能是莫奈的妻子卡蜜尔，她在《阿让特伊段塞纳河岸》（*The Banks of the Seine at Argenteuil*，图 26）中也戴着同一顶帽子。

这幅画简直就是从现代生活切下的一片。构图剪裁大胆，船帆仅部分可见，而且观赏者的视角还是俯视的。视角的选择使得地平线没有入画，这就让观赏者难以估计画面所表现的空间，进而在画面暗含的空间深度与其所强调的二维性之间创造出了一种画面张力。

马奈使用破碎的笔触技法来描画条纹裙，使其产生了光影斑驳的质地。但是与印象派画家的不同之处在于，马奈并没有使用让阳光改变事物本身色彩的技法。右侧男子身后是明亮的蓝色水域，在其衬托下男子的轮廓显得格外清楚；而在男子的白衣上仅有几笔灰色来表明阴影。

这幅画结合了塞纳河、划船这些印象派画家的典型题材和日本版画的常用技法。于斯曼在他的沙龙评论中记载说，这条船"被画框截断，这一点与一些日本版画如出一辙"，而且马奈把对划船夫妇的切实观察与取自其他作品的构图策略相结合的方法，也是他的典型方法。

1　雅克－埃米尔·布兰奇（Jacques-Emile Blanche，1861—1942 年），法国画家和作家。

32

威尼斯大运河
The Grand Canal, Venice

1874 年；布面油画；57cm×48cm；公积金证券公司所有, 旧金山

图 27

蓝色威尼斯

1874 年；
布面油画；
58cm×71.5cm；
谢尔本博物馆, 佛蒙特州

1874 年 9 月马奈与詹姆斯·蒂索一同游览了威尼斯。蒂索比马奈小 4 岁, 普法战争后就长期居住在了伦敦。

这幅画表现了圣母感恩大教堂（Santa Maria delle Grazie）的圆顶, 观看的角度表明了此画所依据的草图应该是作于一条贡多拉（gondola）之上。当地人称为帕里（palli）的运河上的标杆主导了整个画面, 而画面所表现的景象与莫奈 1908 年所作的一幅画十分相似（《威尼斯大运河》, 私人收藏）。当时马奈和蒂索作为库尔提斯夫妇（Mr and Mrs Curtis）的客人居住在大运河岸边的巴巴罗宫（Palazzo Barbaro）, 后来蒂索走后马奈仍居住于此。库尔提斯是约翰·辛格·萨金特[1]和亨利·詹姆斯[2]的密友。无论是这幅画还是其另一个版本（图 27）都表明了马奈当时受到莫奈的影响, 这一点从运河上波光粼粼的水面就可看出。

画面左侧的建筑表现得极其简略, 这表明马奈是根据记忆完成此画的, 有趣之处在于 34 年后莫奈也是如此。当有人称赞莫奈描绘威尼斯的画作时他曾说："这些画糟糕透了。它们一文不值, 听我来跟你讲讲为什么。我是和我的妻子一同去威尼斯的。我在那儿做了笔记, 并且本应该再回去那儿作画的。但是我的妻子去世了, 我再也没有勇气回去。所以我根据我的记忆画了这些画, 而自然早已实现了它的报复。你知道的, 我可以根据记忆描绘巴黎的景象, 而且只有我自己看得出来。但是在威尼斯, 就是另一回事了。"

马奈觉得威尼斯十分无聊, 并且对描画不停变化的倒影感到十分棘手。他称这些倒影"就像是很多香槟酒瓶的瓶底浮在水面上", 他写道："按照几何原理把木头削削砍砍, 以为这样就能造成小船, 只有魔鬼才能给人这种感觉。"[3]

1　约翰·辛格·萨金特（John Singer Sargent, 1856—1925 年）, 美国画家, 被称为"当时肖像画的领军画家"。

2　亨利·詹姆斯（Henry James, 1843—1916 年）, 美裔英籍作家。

3　马奈这里似乎是想表达绘画并非只是按部就班那么简单。

33

马拉美肖像
Portrait of Stéphane Mallarmé

1876 年；布面油画；27.5cm×36cm；奥赛博物馆，巴黎

诗人马拉美是马奈的密友，马奈为其所作的这幅肖像与早年的《埃米尔·左拉肖像》（彩色图版 16）截然不同。在《埃米尔·左拉肖像》中，马奈侧重于人物身边的象征物品并借之来刻画左拉；而在《马拉美肖像》中，人物放松地坐在扶手椅上，一边看书一边抽着雪茄，唯一可以看见的纹理就是人物身后的墙纸。马奈所有的关注点都集中于人物本身。这幅小画可以称得上是一挥而就，模特甚至可能只摆了一次姿势；但马奈描画的是其知己，笔尖也饱含了深情。

马奈在不久前的 1873 年才结识了马拉美，后者比他小 10 岁，他们几乎每天见面。马拉美在 1874 年就马奈的作品写了文章——《1874 年沙龙绘画评委会与马奈先生》[（Le Jury de Peinture pour 1874 et M. Manet），见《艺术与文学之复兴》（La Renaissance artistique et littéraire）]，而 1876 年则写了《印象派画家与爱德华·马奈》[（The Impressionists and Edouard Manet），见《艺术月评》（Art Monthly Review）]。马奈则投桃报李为马拉美翻译的爱伦·坡（Edgar Allan Poe）的《乌鸦》（The Raven）作了插图，并为其 1876 年 4 月出版的《牧神午后》（L'Après-midi d'un Faune）作了几幅木刻版画插图。

马拉美对于马奈的目标与方法的理解可信而富有洞见。他曾写道："如果一件作品的所有元素都互相协调，多添一分则有损其魅力，这难道是一件'未竟'之作？"

针对这幅画提这个问题正好合适。作品对于马拉美面容与个性的表达如此纯熟，而在表现手法上又可以说是惜墨如金。

34

娜娜
Nana

1877 年；布面油画；150cm×116cm；汉堡美术馆，汉堡

图 28
李子

1877 年；
布面油画；
74cm×49cm；
梅隆收藏，国家美术馆，
华盛顿

娜娜是左拉小说《小酒馆》（L'Assommoir）中的人物。当马奈构思和创作这幅画的时候这部小说也正在连载，马奈告诉左拉说，他正在读《小酒馆》并认为这部小说"令人惊异"。于斯曼在 1877 年 5 月对马奈这幅画的短评中透露左拉有意写一部关于娜娜的长篇小说，并且祝贺马奈说他"把娜娜画得仿佛真人一般，带着她那复杂而微妙的邪恶以及她的奢侈与淫荡"。左拉的小说《娜娜》（Nana）从 1879 年 10 月到 1880 年 2 月一直在《伏尔泰》（Le Voltaire）上连载，并于 1880 年 2 月以全书形式出版。

小说中有这样一个场景：娜娜赤身裸体地立于镜前，完全忽视了其身后的情人米法伯爵（Count Muffat），而他则全神贯注又焦急万分地凝视着他的情妇。此前亨利·塞亚尔[1]就曾向左拉提议过这一情节，来塑造这位仅穿着淡紫色丝袜和靴子的女子。而马奈的这幅画可能就是其最初的灵感来源，尽管他笔下站在镜前的娜娜仍然穿着衬裙。

马奈曾让名妓亨丽埃塔·奥塞尔（Henriette Hauser）给他当模特，并在画室特意安排了一角作为她的更衣室，甚至为其提供了专门的供暖。亨丽埃塔·奥塞尔是奥兰治亲王（Prince of Orange）[2]的情妇，因此得名"柠檬"（Citron）。这幅画的背景中主要的部分是一幅壁挂，壁挂上有一只丹顶鹤（Japanese crane，拉丁名为 Grus japonensis），而丹顶鹤的形象也存在于《持扇女子》（图 5）中，法语的鹤"grue"和英语的鹤"crane"都是交际花的别称。画中的娜娜转过头往后望去，仿佛是在确认她的崇拜者是否完全被俘虏了，其神态不同于奥林匹亚那直率而坚定的眼神（彩色图版 7）。

马奈认为这幅画与《李子》（The Plum，图 28）、《滑冰》（Skating，图 9）都属于"自然主义的主题"，是对于巴黎生活更为深入的探索。

---

1 亨利·塞亚尔（Henry Céard，1851—1924 年），法国小说家、诗人、剧作家和艺术批评家。

2 奥兰治（orange）也有橘子的意思。

35

贝尔纳街上的修路工
The Road-Menders, Rue de Berne

1878 年；布面油画；63cm×79cm；私人收藏

马奈是在他位于圣彼得堡街 4 号的画室画这幅画的。1878 年时他曾不止一次向贝尔纳街（后来被称作莫尼耶街）望去，目光一直延伸到它与莫斯科街倾斜相交的路口。除了这一版本，其他几次描画这条街时街上都装饰着彩旗，为的是庆祝 1869 年之后的第一次国庆。其中有一幅（保罗·梅隆收藏，阿珀维尔，弗吉尼亚州）展现的街景近乎萧条，街上只有一位拄拐的独腿男子，这是一名因战争伤残者，他让人想起了普法战争和巴黎公社运动。

马奈为这幅画创作了两幅草稿（图 29），并为出租马车和路灯前的人物单独做了油画写生。精心的准备最后形成了这幅作品。作品具有印象派的技术特点，表明此画是即时取景，并且侧重于传达整体效果而非描摹具体细节。拿前景中那位弯腰的修路工人来说，画家仅用了寥寥数笔来勾勒，房屋阳台上的盆景亦是如此。

左侧建筑群末端的啤酒广告是为了吸引即将离开圣拉扎尔车站的游客。画面左侧围栏后面的开阔区域并非执行奥斯曼改造计划的建筑工地，而是铁路用地，也就是《铁路》（彩色图版 28）中人物身后正在修建的部分，这也暗示了马奈的画室离车站和铁路是多么的近。

图 29
贝尔纳街

1878 年；
铅笔纸本；
19cm×35cm；
布达佩斯美术馆，布达
佩斯

36

裸胸金发女子
Blonde with Bare Breasts

约 1878 年；布面油画；62.5cm×51cm；奥赛博物馆, 巴黎

　　1878 年时马奈开始遭受头痛和麻痹的折磨，麻痹有时甚至会使他的左腿瘫痪。尽管他坚持继续作画，但却极易体力不支，因此他开始尝试粉蜡笔和混合画法（彩色图版 41），这样能比油画多节省些体力。这是一幅油画，但是马奈却用松脂稀释过的颜料绘制了薄涂层。在很多地方甚至可以看见画布的基底，而且基本没有哪个部位是用了多层厚涂法的，这表明创作这幅画的时候模特可能只摆了一次姿势。勾勒身体的轮廓描画简略，但却十分精确，如同出自日本书法家的手笔。莫里索曾经说过："只有马奈和日本人才能一笔勾画出嘴巴、眼睛或者鼻子，但是马奈描画得如此简略，面部的其他部分必须得有足够的立体感才行。"

　　画中的模特侧身站在绿色的背景前，头戴一顶装饰着罂粟花的草帽，猩红的罂粟花与绿色的背景形成了对比。马奈抓住了人物装饰性的美感和魅力，但是她略微上翻的鼻子和倦怠而空洞的表情在马奈的女性肖像中并不典型，毕竟大多数马奈笔下的女子都有一些引人瞩目的特点。画中人物目光低垂、望向一旁，并不与观赏者的目光相遇，相对于马奈其他作品中的女子挑衅或是挖苦逗笑的表情，这里的目光倒是更符合传统。

37　音乐咖啡馆里的女歌手
Singer at a Café-Concert

约 1878 — 1879 年；布面油画；73cm×92cm；鲁阿尔收藏，巴黎

　　这幅画描绘的音乐咖啡馆位于香榭丽舍大街的一排大树下，画作本身可以看作是对音乐咖啡馆这一现象的简单记录。音乐咖啡馆可能出现于 19 世纪 40 年代，60 年代中期到 80 年代中期达到鼎盛，19 世纪 70 年代音乐咖啡馆的具体数量虽然不确定，但巴黎中心区似乎至少就有 120 家。香榭丽舍大街上大量小凉棚如雨后春笋般冒出来，这种凉棚一侧挂着帘子，里面则在进行表演。桌子围绕着舞台摆开，顾客们或坐在桌子旁，或站在桌子周围。吧台就设立在人群边的桌子上，服务员从那里给客人端来酒。杜米埃曾在一幅表现香榭丽舍音乐咖啡馆的石版画上评论道："我们从来都不知道究竟是音乐助酒兴，还是美酒增乐情。"

　　马奈近距离描绘了这位女歌手，这使得人物显得高高在上。在前景正中间有一组戴着大礼帽的人，在他们左侧则是音乐指挥。人群模糊一片，看不出清晰的形象轮廓，这表明马奈是在舞台上描绘这一场景的，这就传达出了表演者看听众的感觉。

　　听众的容貌难以辨认，他们的阶级也同样分辨不清。学徒们穿着黑色套装，中产阶级则身着上衣，戴着礼帽。正如 T.J. 克拉克所观察到的："音乐咖啡厅是一个交换的地方：人们交换自我，改变身份"[《狼与羊：法国大众文化》(*The Wolf and the Lamb: Popular Culture in France*)，1977]。

女服务员
The Waitress

约 1879 年；布面油画；77.5cm×65cm；奥赛博物馆，巴黎

此画另一个较大的版本现藏于伦敦国家美术馆。马丁·戴维斯[1]在伦敦国家美术馆的展览名录中声称，他相信该馆所藏版本是另一幅大画的右侧部分，这幅大画叫作《雷克索方音乐咖啡馆》(Café-concert de Reichshoffen)，始作于 1878 年 8 月。一般认为此画在完成之前就被马奈裁成了两半。理查森[2]认为卢浮宫版本（因修复于此而得名）[3]倒更有可能是上述大画的右侧部分，而左侧则是《在咖啡馆》(At the Café，奥斯卡·赖因哈特基金会博物馆，温特图尔)。

雷克索方餐馆 (Brasserie de Reichshoffen) 位于罗什舒阿尔大道 (Boulevard Rochechouart)。当时女服务员的行业在巴黎餐馆中刚出现不久，而其中有一位就答应了给马奈当模特。她坚持要让她的相好陪她，也就是前景中穿宽松上衣的那位男子。他们去了马奈的画室，这间画室是马奈离开了圣彼得堡街之后搬到阿姆斯特丹街的画室之前临时租的。

这幅画展示了巴黎夜生活场所的社会融合（同样可以参见彩色图版 37）。前景中的男子穿着工作服，抽着陶土烟斗，旁边还有一位穿黑色套装的男子和发型精致的女子。人物被安排在十分拥挤的空间里，墙上壁挂的垂直条纹仿佛一道围栏阻隔了观赏者视线的继续深入。舞台上正在表演的人物被断然切开，只有胳膊、短裙和头部的一小部分可见。这估计主要是裁剪的结果，不过却也暗示了舞台表演并不是音乐咖啡馆和餐馆的存在的主要理由。

1　马丁·戴维斯 (Martin Davies, 1908—1975 年)，曾任伦敦国家美术馆馆长。

2　约翰·理查森 (John Richardson, 1924—2019)，英国艺术史家。

3　即本书收录的这幅画。

39

温室植物园
The Conservatory

1878—1879 年；布面油画；115cm×150cm；国家美术馆，柏林

图 30

温室植物园中的马奈夫人

1879 年；
布面油画；
81.5cm×100cm；
国家美术馆，奥斯陆

从 1878 年 7 月到 1879 年 4 月，马奈从瑞典画家约翰·乔治·奥托·罗桑伯爵（Count Johann Georges Otto Rosen）那里租了一间画室，当时他在阿姆斯特丹街 77 号的画室正在筹备当中，这期间他在离画室不远的温室植物园里创作了这幅画以及《温室植物园中的马奈夫人》（*Madame Edouard Manet in the Conservatory*，图 30）。

画中的两人是朱尔·吉耶梅（Jules Guillemet）夫妇，他们在圣奥诺雷街（Saint-Honoré）有一家时髦的女装店。吉耶梅夫人是美国人，也是马奈认识的为数不多的都会名媛（femmes du monde）之一，与此同时她还是马奈夫人的朋友。马奈在创作这幅画的时候曾一反常态地鼓励他的妻子来画室参观，并要求她与吉耶梅夫妇谈话好让他们保持愉快。马奈曾说："聊一聊、笑一笑、动一动，只有生动的人看起来才逼真。"

马奈从 1878 年 9 月到 1879 年 2 月都在画这幅画。尽管马奈夫人努力了，但这幅画仍然显得僵硬而做作。吉耶梅夫人坐在植物园里的长凳上，穿着灰色的裙子，手拿折扇，头戴芥黄色头饰，这些物品都表现得十分得当。她完全无视一旁的丈夫，显得十分独立，而她的这种自我感被认为是现代大资产阶级的典型品质（利普顿，《艺术论坛》，1975 年 3 月刊）。雷诺阿有一幅完全同时期的作品《沙尔庞捷夫人和她的孩子们》（*Madame Charpentier and her Children*，大都会艺术博物馆，纽约），画中也可以看出这种沉着与超然。

人物身后背景中的植物形成了一道厚厚的屏障，压缩了画面空间，将人物极度推向前景，这一点和《阿让特伊》（彩色图版 30）如出一辙，而画中植物的异域之美更是烘托出了吉耶梅夫人略显做作的优雅。

40

"在拉蒂依老爹家"餐馆
At Père Lathuille's

1879 年；布面油画；93cm×112cm；美术博物馆, 图尔奈

图 31
雷诺阿：《船上午宴》（细节）

1881 年；
布面油画；
129.5cm×172.5cm；
菲利普收藏馆, 华盛顿

盖布瓦咖啡馆（Café Guerbois）被称作马奈的"司令部"，而"在拉蒂依老爹家"餐馆就在它的旁边。店主的儿子叫作路易·戈捷－拉蒂依（Louis Gauthier-Lathuille），他曾如此描述这幅画的缘起："……那是 1879 年 7 月，正从部队上回来度假的我在店外遇到了马奈。他很欣赏我的长相，并且对我的父亲说：'我有一个想法，我要把你的儿子画成一名骑兵。'与此同时他还找来了埃朗·安德烈（就是那个女演员），她年轻而甜美、风趣幽默、穿着惹眼……简直迷人。一切进展顺利，我们已经摆了两次姿势……但是第三次的时候，埃朗·安德烈没来……次日她倒是来了，不过有点晚……原来她之前在排练演出。马奈很生气，决定换掉她……第二天我看见他和朱迪思·弗伦奇（Judith French）一起过来，她是奥芬巴赫的亲戚。我和她摆与先前一样的姿势，但是并非同一回事。马奈看起来有些紧张，他最后说道：'把你的制服脱了，穿上我这儿的罩衫'……就这样我和弗伦奇小姐一起扮演了平民。"

在这幅画中，年轻的男子手拿香槟，深情地望着一旁的女子；而服务员则站在右侧，手拿咖啡壶，望着这对男女。这幅画可以称得上是现代生活幽默而愉快的小片段。马奈在这幅画中很强调身体语言，雷诺阿通常也是如此（图 31）。

《"在拉蒂依老爹家"餐馆》得以在 1880 年沙龙展出，并添加了副标题为《露天》（*In the Open Air*）。泰奥菲勒·西尔维斯特[1]写道："在这餐厅的一角满是明亮欢乐……这日常生活小场景中的生命力真是令人惊异，而在此之前马奈从未如此有力地证明他微妙、真实而简洁的取景能力，以及他明晰的底色和独特的用色技巧。"

---

1 泰奥菲勒·西尔维斯特（Théophile Silvestre, 1823—1976 年），法国艺术批评家和艺术史家。

41

咖啡馆内景
Interior of a Café

约 1880 年；油彩与粉笔亚麻本；32cm×45cm；布雷尔收藏馆，格拉斯哥美术馆与艺术画廊

图 32

戴黑帽子的女人

1882 年；
粉笔；
55.5cm×46cm；
奥赛博物馆，巴黎

1880 年马奈花了 6 个月在离巴黎不远的贝尔维的水疗院治疗，为的是缓解他腿部的疼痛。一年之前歌剧演员埃米莉·安布尔带着马奈的《马克西米利安皇帝的处决》（彩色图版 14）去了美国，并把她的别墅租给了马奈。马奈每天要忍受三次浴疗和按摩，他把这种治疗称作"残忍的折磨"。这一时期马奈在写给朋友的众多信件中抱怨自己很无聊并且渴望能重返巴黎，"乡村只对那些不必居住于此的人才充满了魅力，确实如此"，他曾这样告知扎沙里·阿斯特吕克。而在给梅里·洛朗[1]的信中他写道："我亲爱的梅里啊，如果说我需要忏悔的话，那我正在经历的这就是，其程度已超过了以往任何时候。"

1880 年 11 月初马奈重返巴黎，与朋友们的重新联系和巴黎的咖啡馆生活使得他重新焕发生机。这幅小画的创作可能始于 1880 年至 1881 年的那个冬季，描绘的是法兰西戏剧广场（Place du Théâtre Français）旁一家咖啡馆的内景。画中的年轻女子面容模糊，与一位抽着雪茄的男子坐在同一张桌子旁，男子的面部也难以看清。背景中的大镜子增添了咖啡馆的沉闷寂寥之感，而这里对镜子的使用预示了《女神游乐厅的酒吧》（彩色图版 46）。这幅画综合使用了油彩和粉笔，这是一项技术实验。而无论从画面情绪还是技法的角度来说，此画都很类似德加的作品，比如《苦艾酒》（L'Absinthe，卢浮宫，巴黎）[2]。在 1880 年的印象派展览上，马奈曾为其画过肖像的批评家阿尔贝·沃尔夫[3]问道："为何像德加先生这样的人要待在这个圈子里呢？他为何不追随马奈的先例？马奈早在很久以前就放弃了印象派。"

马奈在人生的最后十年越来越多地使用粉笔，尤其是在肖像画中（图 32），因为相对于油彩来说这是一种不那么费体力的材料。

1　梅里·洛朗（Méry Laurent，1849—1900 年），法国都会名媛，经常举办沙龙，与马拉美、左拉、普鲁斯特和马奈等人多有接触。

2　目前此画藏于奥赛博物馆。

3　阿尔贝·沃尔夫（Albert Wolff，1835—1891 年），德裔法籍作家、剧作家、新闻记者和艺术批评家。

42

火腿
The Ham

约1880年；布面油画；32cm×42cm；布雷尔收藏馆，格拉斯哥美术馆与艺术画廊

在1880年被迫待在埃米莉·安布尔在贝尔维的别墅期间，马奈画了几幅静物画，主要是单一的水果，像是梨子或柠檬之类的，其中有一幅是一捆芦笋（科隆装饰艺术美术馆）。这幅芦笋被《美术公报》的编辑夏尔·埃弗吕西[1]买下了，马奈要价800法郎，他却给马奈寄去了1000法郎。马奈被埃弗吕西的慷慨所感动，单独画了一根芦笋（卢浮宫网球场现代美术馆，巴黎）给埃弗吕西送了去，并说："你那捆芦笋里差了一根。"

马奈的疾病和求医限制了他的时间和精力，这一方面解释了马奈为何会创作这幅关于火腿的画，但另一方面这幅画也显示了马奈将其注意力集中于小型事物、集中于日常生活中的细节的能力，这与日本艺术家如出一辙。凡·高在1888年曾写道："如果我们研究日本艺术，那么面对一位极其智慧、充满哲思、聪明不凡的人，我们会认为他将做些什么呢？研究月地距离吗？不是的。研究俾斯麦的哲学吗？不是的。他只研究一片草叶。"

《火腿》和1880年其他相关的静物画对马奈来说就是"一片草叶"。此画中火腿放在一个闪闪发光的盘子上，旁边刻意摆放着一把餐刀，在构图安排上有着夏尔丹式的简洁。

这幅画先是被投机者亨利·佩尔蒂塞买下，马奈曾在1880年至1881年为此人画过肖像（圣保罗艺术博物馆，圣保罗），之后亨利·佩尔蒂塞又将其转手卖给了德加。

1　夏尔·埃弗吕西(Charles Ephrussi，1849—1905年)，法国艺术批评家和收藏家。

43

亨利·罗什福尔肖像
Portrait of Henri Rochefort

1881年；布面油画；81.5cm×66.5cm；汉堡美术馆，汉堡

图33
克里孟梭肖像

1879年；
布面油画；
94.5cm×74cm；
奥赛博物馆，巴黎

伴随1880年7月对巴黎公社参与者特赦的发布，马奈也萌生了为亨利·罗什福尔画肖像的想法。罗什福尔生于1830年，出生就继承爵位，被称为罗什福尔－吕塞（Rochefort-Lucay）侯爵，后来由于参与巴黎公社运动依军事法被判处终身监禁。1873年罗什福尔被转移到新喀里多尼亚（New Caledonia）的流放地，四个月后他和其他一些罪犯一起乘坐捕鲸船逃走。特赦的发布使罗什福尔得以重返法国，而在此之前他一直居住在日内瓦和伦敦，回到巴黎不久他就创立了一份新报纸：《不妥协者》（L'Intransigeant）。

马奈原本想直接描绘罗什福尔逃跑的场景，并且画过几版表现一叶小舟漂浮在广阔海面上的场景。其中较大的一幅（藏于苏黎世美术馆）有146cm×116cm，本是准备提交给沙龙的参赛作品，但是后来马奈对这幅画颇感失望，于是决定只画一幅罗什福尔的肖像。罗什福尔并不欣赏马奈的作品，但是他的表兄马塞兰·德布丹[1]说服了他去给马奈当模特。这幅画最终被1881年沙龙接受，而评委会本来是可能因其政治立场而拒绝此画的。描绘罗什福尔，就跟试图展出《马克西米利安皇帝的处决》（彩色图版14）一样，表现了马奈异端的政治思想。评委会成员之一阿尔方斯·德·纳维尔[2]曾写信给马奈说："一开始这幅画曾让我对你产生敌对情绪，但是这无损于你作为画家的才能。"

罗什福尔没有接受马奈的这幅画，后来歌唱家富尔买走了它。讽刺的是，激进的罗什福尔后来变成了布朗热将军[3]的追随者，并且成为了反德雷福斯派（anti-Dreyfusards）[4]的领导。左拉曾批评德雷福斯案件的审判存在不公，这使左拉自身也陷入了诉讼之中，而乔治·克里孟梭[5]之后则为左拉辩护，马奈在1879年曾为乔治·克里孟梭画过肖像（图33）。

1　马塞兰·德布丹（Marcellin Desboutin，1823—1903年），法国画家、版画家和作家。

2　阿方斯·德·纳维尔（Alphonse de Neuville，1835—1885年），法国学院派画家，德拉克洛瓦的学生。

3　乔治·埃内斯特·布朗热（General Boulanger，1837—1891年），法国政治家。

4　德雷福斯是19世纪90年代著名的"德雷福斯丑闻"的当事人。1894年法国陆军参谋部犹太籍上尉军官德雷福斯被诬陷犯有叛国罪，被革职并处终身流放，法国右翼势力趁机掀起反犹浪潮。在争论过程中德雷福斯的支持者被称为"德雷福斯支持派"（Dreyfusards），反对派被称为"反德雷福斯派"（anti-Dreyfusards）。

5　乔治·克里孟梭（Georges Clemenceau，1841—1929年），法国政治家和新闻记者，曾任法兰西第三共和国总理。

44 水晶花瓶中的铁线莲

Clematis in a Crystal Vase

约 1881 年；布面油画；56cm×35.5cm；奥赛博物馆，巴黎

在马奈生命的最后几年他画了很多简单的花束，这些花十分寻常地被放在水晶花瓶里，摆放上并不故作特殊。从大幅油画转到这些小习作让马奈感到很放松，毕竟前者过于消耗他本已日渐衰弱的体力。在此之前他本来就喜欢花束环绕并且乐于描绘它们（彩色图版 10），而如今他说："我要把它们都画下来。"

就像 1880 年的那些静物画一样，这些花卉画对于每一种植物和花卉的美都给予了重视，这一点让人想起日本艺术。这幅画中的铁线莲属于"杰克曼二世"种，是最为常见的品种，也是所有铁线莲里花开得最为繁茂的。画中的花卉被安放在花瓶中，留有几片叶子，一旁还有一些石竹，这使得由蓝紫色的花朵和蓝色背景主导的画面显得稍微明亮些。

马奈画的许多花都是生命短暂的插花，这样的画可以被当作"虚空画"。一本 1587 年出版的《圣经植物志》[史立夫 [1] 曾引用，见《代达罗斯》（*Daedalus*），1962 年夏季刊] 曾说人的生命可以被比作"一场梦、一缕烟、一团气、一阵风、一片影、一个气泡、一堆干草、一块草地、一株植物、一朵花、一片叶、一个故事、一场虚空、织工手中的梭子、一枝枯荏、一根杆、一无所是"。从马奈笔下生命短暂的花卉也可以看出他意识到了自己的生命即将终结。

1　应该是指西摩·史立夫（Seymour Slive，1920—2014 年），美国艺术史家。

45

秋（梅里·洛朗）
Autumn（Méry Laurent）

1881年；布面油画；73cm×51cm；美术博物馆，南锡

图34

春：让娜

1881年；
布面油画；
73cm×51cm；
私人收藏

1879年秋天马奈萌生了一个装饰巴黎市政厅（Hôtel de Ville）的计划。普鲁斯特回忆他曾说："首先要有寓言，比如说法国葡萄酒的寓言。勃艮第的酒用深色皮肤的女子来表示，波尔多的酒就用栗色头发的女子，香槟的酒则是金发女子。"这一计划并未得以实现，但在1881年的时候马奈完成了这幅画以及《春：让娜》（图34），二者都是一个寓言的一部分，按照"四季"的顺序表现对应年纪的美女。《春：让娜》在1882年沙龙上大获成功。比利时画家艾尔弗雷德·史蒂文斯，同时也是马奈的好友，早在1876年就开了以现代生活对"四季"主题进行再创作的先例。他的作品是受当时比利时国王的委托而创作的。

梅里·洛朗1849年生于南锡，这幅画现在就藏于此地。梅里15岁的时候嫁给了一个杂货店老板，但是几个月后就离他而去并开始进行卡巴莱（cabaret）歌舞表演。她引起了美国医生托马斯·埃文斯（Thomas W. Evans）的注意，当时他是拿破仑三世和皇室的牙医。托马斯包养了梅里，并使其过上了奢华的生活。但是据说她帮助艺术家和作家从不计回报。此画中她站在画有菊花的墙纸前，身穿皮草，这正好衬托了她栗色的头发和精细的皮肤。

《春：让娜》的模特是一个叫作让娜·德·马尔希[1]的年轻女演员。画中她站在杜鹃的背景前，穿着长裙、戴着马奈亲自为她挑选的帽子，这两件衣饰都十分时尚且符合春天的主题。

马奈并未将传统的象征物囊括在这一新型的寓言之中，当时他曾告诉年轻艺术家乔治·让尼奥（Georges Jeanniot）[2]："简明，对艺术而言是必需的，也表明了一种风格；简明的人反思……"

---

1 让娜·德·马尔希（Jeanne de Marsy，1865—1937年），法国女演员，在19世纪80、90年代的巴黎红极一时。

2 乔治·让尼奥（1848—1934年），法国印象派画家，同时也是设计师和版画家。

46

女神游乐厅的酒吧
A Bar at the Folies-Bergère

1882 年；布面油画；96cm×130cm；考陶德艺术学院美术馆，伦敦

图 35
《女神游乐厅的酒吧》
（彩色图版 46）细节

1882 年；
布面油画；
96cm×130cm；
考陶德艺术学院美术馆，
伦敦

马奈最后一次参加沙龙提交了两件作品，此画便是其中之一（另一幅是《春：让娜》，图 34），而且这是他最后一幅描绘巴黎生活的大型作品。在这幅画中观赏者直面的是一张面无表情的脸，直视的眼神充满了挑战和试探的意味，这与 19 世纪 60 年代对现代生活的再现如出一辙。

在此画中，难以解决的画面空间问题迫使观赏者不断追问画面究竟呈现了什么。如果女招待身后有一面镜子，那镜中反映的究竟是什么呢？而且右侧女子的背影必然是画面中心人物的镜像，然而事实是这并不可能，否则这就暗示了镜子与画面所在平面成一定角度而非平行。这样的解读有悖于整幅画正面描绘的特征。画面中的男子的模特是亨利·迪普雷[1]，他的形象也是镜像，但是我们却不能断言他究竟站在哪里，才能以这样的位置出现在镜中。除非他身处画面空间之外，位于"真实"的物理空间，也就是说他就是观赏者自身。"……我们尝试去解读，希望能解释到底哪些是镜像哪些不是。事实上我们做不到，这是一个无解的方程。"（T.J. 克拉克）

画面中所描绘的酒吧只是女神游乐厅公共大厅的高墙前成列的小酒吧之一。画中陈列的酒瓶、水果和花瓶描画细致，而就其观察的仔细程度而言，甚至比得上马奈同时期的许多静物画（图 35）。

跟在《杜伊勒里花园音乐会》（彩色图版 5）中一样，马奈将他的朋友们也画进了这幅画。在模糊的镜像中可以辨认出画家加斯东·拉图什[2]、梅里·洛朗（穿白衣的女子）和让娜·德·马尔希。

---

1 亨利·迪普雷（Henry Dupray，1841—1909 年），法国画家，擅长肖像画和战争题材。

2 加斯东·拉图什（Gaston Latouche，1854—1913 年），法国画家、插画家和雕刻家。

47

吕埃别墅
Villa at Rueil

1882 年；布面油画；92cm×73cm；维多利亚国家美术馆，墨尔本

　　1882 年夏马奈认为住在乡村对他的健康有帮助，因此他在马尔迈松附近的吕埃租了一栋房子，房主是剧作家拉比什 [1]。欧仁和莫里索就住在附近的布瑞瓦尔（Bougival），两人经常来拜访马奈。

　　马奈没有找到方便的房子，这里的花园也不算吸引人。马奈勉强能够走路，他大部分时间都在花园的椅子上度过，他在那儿创作了 2 幅关于房子和花园的作品（除了这幅还有一件横幅作品，后者现藏于柏林国家博物馆）。马奈在写给梅里·洛朗的信中说："我需要工作才能感觉好一点。"

　　这幅画精神饱满，掩饰了马奈创作时的困难，他需要休息很久才能工作一小段时间。破碎笔触的技术和对于不必要细节的删减十分有印象派的特色，而这一年印象派画家们曾再次试图劝说马奈加入他们。欧仁在给莫里索的信中说："毕沙罗请马奈参加展览（1882 年印象派画展），马奈拒绝了，但我觉得他十分后悔，我感觉得到他非常犹豫。"

　　在长期被冷落遗忘之后，马奈终于在沙龙取得了成功，即便是阿尔贝·沃尔夫都不得不称赞他在 1882 年沙龙上的作品。马奈写信给沃尔夫说："感谢你对我的善意称赞，在我生命弥留之际，我并不介意能读一读我死后你将为我写的精彩文章。"

吕埃别墅

1　欧仁·拉比什（Eugène Labiche，1815—1888 年），法国剧作家。

48

瓶中的玫瑰与郁金香
Rose and Tulips in a Vase

约 1882 年；布面油画；54cm×33cm；布尔勒收藏展览馆, 苏黎世

　　马奈的画室里从不缺花，而在他生命的最后一年这里的花尤其多。朋友、熟人、甚至是素未谋面的人都给他送花，因为众所周知花让他感到愉悦，梅里·洛朗甚至派她的女仆伊丽莎每天送一束花去。

　　这幅玫瑰与郁金香的组合是马奈在生命的最后一个月画的，画面很简单，背景也很朴素。布兰奇曾说他记得马奈画静物时用的是"从高高的南向凸窗透进来的干冷光线"，布兰奇写道："他的生命已经快要走到终点，他坐在画架前，而死神悄然而至。我以前有时注意不到他是一位多么细心严谨的匠人，而这些品质都是他的本性所致……而现在，他经常修改盘子和花瓶的形状，用铅锤测量，就像个学生似的！"

　　马奈于 1883 年 4 月去世。莫里索写道："他最后的日子非常痛苦，可怜的爱德华艰难忍受着……吊唁者慰问的表情全都十分真诚；他以上天赐予的才华赢得了每个人的友情；他还有一种智性魅力、一种温暖、某种难以说清的东西。因而他葬礼那天所有出席的人在我看来都仿佛来自同一个大家庭，都缅怀着自己的亲人，要知道他们平时对这种事都是十分冷漠的。"

"彩色艺术经典图书馆"系列介绍

　　这是一套系统、专业地解读艺术，将全人类的艺术精华呈现在读者面前的丛书。

　　整套丛书共有 46 册，精选在艺术史中占据重要地位的 38 位艺术家及 8 大风格流派辑录而成，撰文者均为相关领域专家巨擘。在西方国家，该丛书被奉为"艺术教科书"，畅销 40 多年，为无数的艺术从业者和艺术爱好者整体、透彻地了解艺术发展，领悟艺术真谛提供了绝佳的途径。

　　丛书中每一册都有鞭辟入里的专业鉴赏文字，搭配大尺寸惊艳彩图，帮助读者深入探寻这些生而为艺的艺术大师们，或波澜壮阔，或戏剧传奇，或跌宕起伏，或困窘落寞的生命记忆，展现他们在缤纷各异的艺术生涯里的狂想、困惑、顿悟以及突破，重构一个超乎想象而又变化莫测的艺术世界。

　　无论是略读还是钻研艺术，本套丛书皆是你不可错过的选择，值得每个人拥有！

　　以下是"彩色艺术经典图书馆"丛书分册：

凡·高 威廉·乌德 著	**毕加索** 罗兰·彭罗斯 著	**勃鲁盖尔** 基思·罗伯茨 著	**浮世绘** 杰克·希利尔 著
马奈 约翰·理查森 著	**毕沙罗** 克里斯托弗·劳埃德 著	**莫奈** 约翰·豪斯 著	**康斯太勃尔** 约翰·桑德兰 著
马格利特 理查德·卡沃科雷西 著	**丢勒** 马丁·贝利 著	**莫迪里阿尼** 道格拉斯·霍尔 著	**维米尔** 马丁·贝利 著
戈雅 恩里克塔·哈里斯 著	**伦勃朗** 迈克尔·基特森 著	**荷尔拜因** 海伦·兰登 著	**超现实主义绘画** 西蒙·威尔逊 著
卡纳莱托 克里斯托弗·贝克 著	**克里姆特** 凯瑟琳·迪恩 著	**荷兰绘画** 克里斯托弗·布朗 著	**博纳尔** 朱利安·贝尔 著
卡拉瓦乔 蒂莫西-威尔逊·史密斯 著	**克利** 道格拉斯·霍尔 著	**夏尔丹** 加布里埃尔·诺顿 著	**惠斯勒** 弗朗西丝·斯波尔丁 著
印象主义 马克·鲍威尔-琼斯 著	**拉斐尔前派** 安德列·罗斯 著	**夏加尔** 吉尔·鲍伦斯基 著	**蒙克** 约翰·博尔顿·史密斯 著
立体主义 菲利普·库珀 著	**罗塞蒂** 大卫·罗杰斯 著	**恩斯特** 伊恩·特平 著	**雷诺阿** 威廉·冈特 著
西斯莱 理查德·肖恩 著	**图卢兹-劳特累克** 爱德华·露西-史密斯 著	**透纳** 威廉·冈特 著	**意大利文艺复兴绘画** 莎拉·埃利奥特 著
达·芬奇 派翠西亚·艾米森 著	**庚斯博罗** 尼古拉·卡林斯基 著	**高更** 艾伦·博尼斯 著	**塞尚** 凯瑟琳·迪恩 著
达利 克里斯托弗·马斯特斯 著	**波普艺术** 杰米·詹姆斯 著	**席勒** 克里斯托弗·肖特 著	**德加** 基斯·罗伯茨 著

（按书名汉字笔画排列）